REALIENBÜCHER FÜR GERMANISTEN

ABT. D:

LITERATURGESCHICHTE

EBERHARD GALLEY

Heinrich Heine

—

3., durchgesehene und verbesserte Auflage

MCMLXXI

J.B. METZLERSCHE VERLAGSBUCHHANDLUNG

STUTTGART

1. Aufl. 1963 (1./4. Tsd)
2. Aufl. 1967 (5./8. Tsd)
3. Aufl. 1971 (9./12. Tsd)

ISBN 3 476 10030 8

M 30

VORWORT

Inhalt und Anlage des vorliegenden Bandes werden durch die Zielsetzung der ›Sammlung Metzler‹, Realien für weitere Forschungsarbeit zu vermitteln, bestimmt. Dabei steht die Wiedergabe von Fakten des Lebens und der realen Beziehungen, unter denen Heines Werke entstanden, unter weitgehendem Verzicht auf Wertung und Deutung, im Vordergrund. Trotz der umfangreichen, gerade auch in den letzten zehn Jahren angewachsenen Heineliteratur besteht hierüber unter den Heineforschern noch weitgehende Uneinigkeit. Aber es kann nicht die Aufgabe dieses Einführungsbandes sein, in diese Kontroverse einzugreifen.

Unser Versuch, das gegebene sachliche Material in übersichtlicher Weise zugänglich zu machen und dabei zugleich im Hinblick auf die Forschungssituation den notwendigen Ausblick auf manche wichtigen Probleme der Heineforschung, die bisher noch unzureichend behandelt oder noch kaum gesehen sind, zu geben, wird heute, wo ein neues, legitimes Interesse für Heine zu spüren ist, seine beabsichtigte nützliche und anregende Wirkung, gewiß nicht verfehlen.

Düsseldorf, Juni 1971   EBERHARD GALLEY

INHALT

A. EINFÜHRUNG 1

B. LEBEN UND WERK HEINRICH HEINES 6

I. 1797(?)–1831 6
 a) Jugend (1797–1819) 6
 b) Studienzeit (1819–1825) 10
 c) Die Jahre zwischen Studium und Übersiedlung
  nach Paris (1825–1831) 21

II. 1831–1856 31
 a) Erste Jahre in Paris (1831–1840) 31
 b) Jahre des politischen Kampfes (1840–1847) . . 47
 c) Letzte Krankheit (1848–1856) 55

C. DIE WIRKUNG HEINES 62

D. PROBLEME DER HEINE-FORSCHUNG 70

Register 79

A. Einführung

Die Erforschung von Leben und Werk Heinrich Heines ist trotz über hundertjährigem Bemühen, das allerdings nicht immer oder nur selten sine ira et studio geschah, längst nicht abgeschlossen. Es gibt Probleme, die bisher noch nicht gesehen, bzw. nicht genügend behandelt wurden. Außerdem muß die heutige Generation Heine neu erfassen und sich neu zu eigen machen, nachdem er über vierzehn Jahre aus dem deutschen Denken und Forschen verbannt war und man sich nur im Ausland, hier aber intensiv, mit ihm beschäftigen konnte. Auch heute noch wird Heine vielfach aus einem bestimmten politischen Blickwinkel falsch oder einseitig begriffen, wodurch sein Bild einer erneuten Fälschung anheimfällt. Aufgabe nicht nur der Germanistik ist es, diesem zu wehren und fern aller politischen Propaganda ein zutreffendes Heinebild zu erarbeiten.

Die *Literatur von und über Heine* ist bis zum Jahre 1953 fast lückenlos zusammengetragen in der »Heine-Bibliographie« von Gottfried Wilhelm und Eberhard Galley (2 Bde, 1960); für die folgenden elf Jahre ist die Bibliographie von *Siegfried Seifert* heranzuziehen. Damit sind ältere bibliographische Zusammenstellungen wie diejenigen in Goedekes »Grundriß« (Bd 8, 1905, S. 526–564, und Bd 14, 1955, S. 206–332) und die seinerzeit sehr verdienstvolle Zusammenstellung von Friedrich Meyer: »Verzeichnis einer Heinebibliothek« (1905) überholt. Neuere Ergänzungen zu der genannten Bibliographie findet man in den ›Heine-Jahrbüchern‹. Im Hinblick auf die umfassende »Heine-Bibliographie« von Wilhelm / Galley wird im Folgenden nur die wichtigste Literatur zu den verschiedensten Problemen genannt; für speziellere Literatur sei hier allgemein auf die »Heine-Bibliographie« und ihre Fortsetzungen verwiesen:

Wilhelm G., u. Galley, E.: Heine-Bibliographie. 2 Bde. 1960. Tl I: Primärliteratur 1817–1953 (2011 Nrn); Tl II: Sekundärliteratur 1822–1953 (4032 Nrn). – Seifert, S.: Heine-Bibliographie 1954–1964. 1968. – *zit.: Heine-Bibl.*

Das *handschriftliche Quellenmaterial* zum Werk Heines ist in zahlreichen öffentlichen und privaten europäischen und außereuropäischen Sammlungen weit zerstreut. Die bei weitem größte Sammlung von Heine-Manuskripten liegt im *Heine-Archiv Düsseldorf*. Den Hauptbestand bildet der *Nachlaß* des Dichters selbst. Im Archiv werden über 3400 Manuskriptseiten der Werke Heines verwahrt, dazu 112 Briefe von ihm und fast 800 an ihn. Ein genaues Bestandsverzeichnis der Düsseldorfer Heine-Autographen ist in den ›Heine-Jbbr‹. 1968, 1969 und 1971 erschienen. Bei der großen internationalen Berühmtheit Heines schon seit Mitte des vorigen Jahrhunderts sind seine Handschriften als beliebte Sammelobjekte in die Hände vieler Autographensammler gekommen. Diese starke Zerstreuung macht es aus Platzgründen unmöglich, bei den späteren Angaben über vorhandene Handschriften der einzelnen Werke jeden Besitzer einzelner Blätter zu erwähnen. Es werden darum nur umfangreiche Bestände genannt. Auch werden Handschriften, die noch Strodtmann oder Elster für ihre Ausgaben benutzen konnten, inzwischen aber verlorengingen, bzw. deren Verbleib unbekannt ist, nicht berücksichtigt. Da im Heine-Archiv Düsseldorf Fotokopien fast aller heute noch vorhandenen Heine-Autographen liegen, können spezielle Angaben dort angefordert werden.

ELSTER, E.: Die Heine-Sammlung Strauß, 1929.
GALLEY, E.: Das Düsseldorfer Heine-Archiv, in: Heine-Jb. 1968, S. 58–74.

Auch Heines *Privatbibliothek* mit rund 350 Bänden und vielen Zeitschriftenheften befindet sich im Heine-Archiv. Es ist dies keine Sammlung eines Bücherfreundes, auch keines Gelehrten, der systematisch und sorgsam seine Bibliothek aufgebaut hat. Sie ist mehr zufällig zusammengeflossen. Zahlreiche Bücher sind Geschenke der Autoren an den berühmten Dichter, zum Teil mit handschriftlichen Widmungen. Nur vereinzelt zeugen die Bücher von intensiverer Beschäftigung Heines mit dem Inhalt durch Anstreichungen u. dgl. z. B. bei einigen kirchen- und philosophiegeschichtlichen Werken, bei einer Shakespeare-Ausgabe und bei Werken zur Faustsage.

GALLEY, E.: H. Heines Privatbibliothek, in: Heine-Jb. 1962, S. 96 bis 116.

Das Heine-Archiv wird durch eine Bibliothek von fast 5000 Werken der Heine-Literatur ergänzt, dazu durch eine große Bildsammlung (Originalporträts, Stiche, Photos). Seit

1962 gibt das Archiv ein »*Heine-Jahrbuch*« heraus, in dem Heine-Forscher aus aller Welt zu Worte kommen und in dem auch Unbekanntes aus dem Archiv der Öffentlichkeit vorgelegt wird.

Die wichtigste Heine-Handschriften-Sammlung nach dem Düsseldorfer Archiv ist heute im Besitz der *Bibliothèque Nationale in Paris*. 1966 konnte die Bibliothek die bis dahin im Besitz der Familie Schocken befindliche Sammlung erwerben. In ihr befinden sich fast 1800 Manuskriptseiten zu den Werken Heines, außerdem ca 300 Briefe von und 250 Briefe an Heine. Besonders wichtig ist der fast vollständige Briefwechsel des Dichters mit seinem Verleger Julius Campe.

Neben diesen beiden großen Sammlungen besitzen noch die Harvard University Library, die Yale University Library, die Pierpont Morgan Library und die Sammlung Heinemann in New York, sowie das Goethe-Schiller-Archiv in Weimar (vgl. K. H. HAHN »Bestandsverzeichnis GSA«, 1961) größere Bestände an Heine-Manuskripten.

Die erste rechtmäßige *Gesamtausgabe* der Werke Heines gab A. STRODTMANN im Verlag Hoffmann u. Campe in Hamburg 1861–1869 heraus; sie vereinigte in 18 Bänden alle damals bekannten Werke Heines, dazu drei Bände Briefe. Im Supplementband von 1869: »Letzte Gedichte und Gedanken«, veröffentlichte Strodtmann bis dahin ungedruckte Werke aus dem Nachlaß; nur verhältnismäßig wenig in Manuskripten Vorhandenes und einiges in entlegenen Zeitschriften Erschienenes fehlte, darunter als Wichtigstes die »Memoiren«, die erst 1884 erschienen. Alle späteren Ausgaben fußen auf dieser im ganzen brauchbaren Hamburger Ausgabe und brachten nur jeweils unwesentliche Änderungen in der Anordnung und vereinzelt Zusätze. Die wichtigsten heute noch zu benutzenden kritisch kommentierten Ausgaben sind:

Sämtliche Werke, hrsg. v. E. ELSTER, 7 Bde. Leipzig: Bibliogr. Institut 1887/1890, Nachdr. 1893; neue, umgearb. Aufl. Ebda 1924 ff.
Sämtliche Werke, hrsg. v. O. WALZEL u. a., 10 Bde u. Reg.-Bd. Leipzig: Insel-Verlag 1910/1920.

Diese beiden Ausgaben bringen in ihrem Anhang Erläuterungen, Textgeschichte und umfangreiche Lesartenapparate unter Einbeziehung der den Herausgebern bekannt gewordenen Handschriften. Der heutige Verbleib eines Teils dieser Handschriften, besonders der in dieser Ausgabe erwähnten Sammlung Meinert, ist unbekannt. Einiges wird in der Zwischenzeit, besonders im letzten Krieg, verlorengegangen sein, anderes mag aus noch unbekannten Sammlungen wieder auftauchen, wie vor kurzem die Sammlung Sethe. Bei jedem Textvergleich ist darum dieser Lesartenapparat der Ausgaben von Elster und Walzel zusätzlich zu den heute greifbaren Handschriften mit zu berücksichtigen. Die zweite Auflage der Elsterschen Ausgabe (1925) bringt in den erschienenen Bänden nur die Gedichte, Epen, Tragödien und Reisebilder, konnte aber die Handschriften des Nachlasses benutzen. – Die textlich gute Ausgabe von F. Strich, 11 Bde (München: Georg Müller 1925/1930), unterscheidet sich von den übrigen Ausgaben durch das konsequent durchgeführte chronologische Ordnungsprinzip, ist aber wegen des Fehlens von Anmerkungen, Textgeschichte und Lesarten für wissenschaftliche Arbeit kaum zu benutzen.

Die im Ostberliner Aufbau-Verlag 1961/64 von H. Kaufmann herausgegebene Ausgabe versucht das bis heute im Druck erschienene Gesamtwerk zu bringen. Sie ist darum die vollständigste Ausgabe, da seit Walzel eine Reihe kleiner Aufsätze und einzelne Gedichte aus Handschriften oder verborgenen Zeitschriftenabdrucken neu ediert worden sind. Sie übernimmt aber zeimlich unkritisch die in den älteren Ausgaben von Elster und Walzel gedruckten Texte. Da sie nur „inhaltlich bedeutsame" Lesarten bringt und auch die Orthographie nach heute gültigen Regeln zu vereinheitlichen sucht, ist sie eigentlich nur wegen der größeren Vollständigkeit der Texte als Ergänzung zu den im Grunde besseren Ausgaben von Elster und Walzel zu benutzen.

Auch die beiden in der Bundesrepublik erscheinenden Gesamtausgaben in den Verlagen Hanser und Winkler, von denen bis jetzt je zwei Bände vorliegen, sind keine kritischen Ausgaben. Sie gehen im Text nicht über die früheren Ausgaben hinaus. In der Kommentierung verfolgen sie unterschiedliche Wege, wobei die Hanserausgabe wegen mancher, im Kommentar angeschnittenen Deutungsprobleme von der Forschung, wenn auch nicht unkritisch, herangezogen werden sollte.

Von den beiden in Vorbereitung befindlichen historisch kritischen Ausgaben aus Düsseldorf und Weimar (vgl. dazu S. 78) hat die Weimarer sogenannte Säkularausgabe bis jetzt 2 Text- und 2 Briefbde vorgelegt.

Sämtl. Werke, hrsg. v. H. Kaufmann, 10 Bde. Berlin: Aufbau 1961/1964.

Sämtl. Schriften, hrsg. v. K. BRIEGLEB, 6 Bde. München: Hanser
1968 ff.
Sämtl. Werke, hrsg. v. W. VORDTRIEDE, 4 Bde. München: Winkler
1969 ff.
Säkularausgabe. Werke, Briefwechsel, Lebenszeugnisse, hrsg. v. d.
Nat. Forsch. u. Gedenkstätten Weimar u. d. Centre National de
Recherche Paris. Berlin: Aufbau-Verlag 1970 ff.

Die *Briefe* Heines sind 1951–1956 von FR. HIRTH in einer
sechsbändigen kommentierten Ausgabe erschienen. Eine frü-
here Ausgabe von 1914/1920 brachte in drei Bänden auch die
Gegenbriefe, soweit sie damals bekannt waren. Von einer
neuen Ausgabe der Briefe mit vielfach berichtigtem Text und
manchen erst nachträglich aufgetauchten Briefen durch F. EIS-
NER, London, im Rahmen der Weimarer Säkular-Ausgabe bearbeitet, sind bis jetzt zwei von vier Textbänden erschienen.
Die restlichen beiden Bände und zwei Kommentarbände sollen
folgen. Auch die Briefe an Heine sollen in absehbarer Zeit
innerhalb dieser Ausgabe gedruckt vorliegen.

HEINE: Briefwechsel. Gesamtausgabe. Hrsg. v. Friedrich Hirth.
3 Bde. München: Georg Müller 1914/1920.
HEINE: Briefe. Erste Gesamtausgabe in 6 Bden, nach d. Hss. hrsg.,
eingel. u. erl. v. Fr. Hirth, Mainz: Fl. Kupferberg 1950/1957. (Bd
1–3: Briefe; Bd 4–6: Kommentare.)
HEINE: Säkularausgabe (s.o.) 1970 ff. Bd 20–23: Briefe an Heine,
Bd 24–27: Briefe an Heine.

Die *Gespräche* Heines hat Houben 1926 aus zahlreichen Auf-
sätzen, Memoiren, Briefausgaben herausgegeben. Mit der nöti-
gen kritischen Reserve gegenüber diesen Angaben aus zweiter
Hand sind sie als wertvolle Ergänzung zu den Werken und
Briefen Heines brauchbar. Eine neue Ausgabe der Gespräche
Heines ist in Vorbereitung.

HOUBEN, H. H. (Hrsg.): Gespräche mit Heine. 1926, ²1948.
BIEBER, H. (Hrsg.): Heinrich Heine. Gespräche, Briefe, Tagebücher;
Berichte seiner Zeitgenossen. 1926.

Bildnisse:

Heine-Bibl. II Nr 1238 ff.
UHLMANN, A. M.: H. Heine. Sein Leben in Bildern. 1956.
MARCUSE, L.: H. Heine, in Selbstzeugnissen u. Bilddokumenten
dargestellt. 1960. (Rowohlt Monographie. 41.)

B. Leben und Werk Heinrich Heines

I. 1797–1831

a) Jugend (1797–1819)

Heinrich Heine stammt aus alten angesehenen jüdischen Familien. Sein Vater, Samson Heine, kam aus einem Hoffaktorengeschlecht aus Bückeburg und Hannover. Ein Bruder des Vaters, Salomon, war Bankier in Hamburg, ein zweiter Bankier in Bordeaux. Samson Heine war zunächst als Proviantmeister des Hannoverschen Heeres während der Revolutionskriege durch Flandern und Brabant gezogen und hatte sich dann als Kaufmann in Düsseldorf niedergelassen. Die Familie von Heines Mutter Betty, ursprünglich Peire van Geldern, war ebenfalls früher ein reiches Hoffaktorengeschlecht am Bergischen Hof gewesen. Ihr Vater, Gottschalk van Geldern, ein angesehener Arzt in Düsseldorf, war schon 1795 gestorben. Harry Heine – Heinrich nannte er sich erst seit seinem Übertritt zum Christentum 1825 – war der älteste Sohn aus dieser Ehe. Sein Geburtstag steht infolge eigener Mystifikation nicht eindeutig fest. Wahrscheinlich ist Heine am 13. Dez. 1797 geboren. Er selbst gibt später im allgemeinen 1799 als Geburtsjahr an. Es steht nicht fest, warum er sich hat jünger machen wollen. Vielleicht hatte die Familie ihn, als das Rheinland an Preußen gefallen war, der preußischen Wehrerfassung entziehen und ihm die Ausstellung eines Auslandspasses erleichtern wollen, indem sie ihn in amtlichen Papieren verjüngte. Eine amtliche Registrierung der jüdischen Gemeinde gab es zur Zeit von Heines Geburt noch nicht. Später mußte es dann bei dieser Änderung bleiben. Der Vermutung, hinter der Verjüngung Heines stünde die Absicht der Verheimlichung einer vorehelichen Geburt des Dichters (Hirth, Wadepuhl), ist neuerdings (Veit) mit triftigen Gründen widersprochen worden (vgl. Heine-Jb. 1962).

Heines Vater war ein lebenslustiger, etwas eitler, freigebiger, hilfsbereiter Mann. Obschon sein kaufmännisches Talent wohl nicht sehr groß war, florierte sein Geschäft anfangs recht gut, so daß er sich bald ein eigenes Haus mit einem größeren Laden kaufen konnte. Doch gefiel ihm, nach den Erzählungen des

Sohnes, das Auftreten in der Öffentlichkeit als Armenpfleger oder später als Offizier der Bürgerwehr in schmucker Uniform besser als sein Handelsgeschäft. Als während der Napoleonischen Kriege infolge der Kontinentalsperre die Einfuhr englischer Stoffe stockte, ging das Geschäft stark zurück. Hinzu kam ein Nervenleiden Samsons mit epileptischen Anfällen, das ihn zeitweise völlig geschäftsuntüchtig machte. So mußte er schließlich 1819 Bankrott anmelden.

Die Mutter des Dichters war nüchterner und wohl auch energischer als ihr Mann. Für ihre Kinder und besonders für ihren ältesten Sohn Harry war sie sehr ehrgeizig und erhoffte für ihn eine hohe gesellschaftliche Stellung. Ihr wird es sehr schwergefallen sein, daß er für seine Ausbildung wie auch später für seinen Lebensunterhalt auf die Unterstützung durch seinen reichen Hamburger Onkel angewiesen blieb und daß er bei seinen Versuchen, in bürgerlichen Berufen Fuß zu fassen, immer wieder scheiterte. Harry, wie er in seiner Familie bis zu seinem Tode genannt wurde, dankte ihrer Fürsorge durch eine immerwährende treue Liebe, die auch in seinen Werken ihren Niederschlag gefunden hat.

Heinrich Heine hatte drei Geschwister: eine Schwester Charlotte (1800–1898) – auch die Geburtsdaten der Geschwister stehen nicht ganz eindeutig fest – war seit 1823 mit dem Hamburger Kaufmann Moritz Embden verheiratet und hatte fünf Kinder, die zum Teil in sehr bedeutende und reiche Familien einheirateten. Der Dichter hatte zeitlebens ein sehr enges Verhältnis zu ihr und zu ihren Kindern. Der ältere Bruder Gustav (1805–1886) war einige Zeit österreichischer Offizier, gründete später das Wiener Fremdenblatt, wurde als Baron Heine Geldern geadelt und erlangte ein ansehnliches Vermögen. Der jüngere Bruder Maximilian (1807–1879) kam als Leibarzt des Zaren in Petersburg zu einer geachteten Stellung.

Düsseldorf war, als Heine geboren wurde, Hauptstadt des Herzogtums Berg, das dem Bayrischen Kurfürsten Karl Theodor unterstand. In den Revolutionskriegen waren die Franzosen bis an den Rhein gekommen und hatten 1795 Düsseldorf besetzt. Erst 1801 kam die kurbayrische Verwaltung zurück. Doch schon 1806 mußte Bayern das Herzogtum Berg an Napoleon abtreten, der es als Großherzogtum Berg zunächst seinem Schwager Murat, dann seinem noch unmündigen Neffen Louis Napoleon, dem Bruder des späteren Napoleon III., übertrug, bis er es 1811 ganz in den französischen Herrschaftsbereich aufnahm. Die alte Magistratsverwaltung wurde beseitigt und die französische zentralistische Verwaltung dafür eingesetzt. Das Schulwesen wurde erneuert. Sogar die Gründung einer Universität wurde geplant. Für Heines Familie war bedeutsam, daß unter der französischen Herrschaft die Sonderbestimmungen für die Juden beseitigt wurden, wie z. B. die stark einschränkenden Niederlassungsbestimmungen. 1813 brach die französische Herrschaft am Rhein zusammen. Das Großherzogtum Berg wurde mit seiner Hauptstadt Düsseldorf Preußen einverleibt.

Diese politisch bewegte Zeit erlebte der junge Heine mit neugierig wachen Sinnen. Die Bewunderung für das freiheitliche Frankreich, für die mächtige Persönlichkeit Napoleons, den er bei dessen Besuch in Düsseldorf 1811 selbst erleben konnte, blieb für sein weiteres Leben bestimmend. Diese Napoleon-Begeisterung seiner Jugend, die sich in den »Grenadieren« und im »Buch Le Grand« manifestierte, bewahrte er sich – abgesehen von einer Periode stärkerer Reserviertheit in den 30er und 40er Jahren – bis in seine späte Krankheit, die Zeit der »Geständnisse«. Die einschneidende bürokratische Reorganisation unter preußischer Herrschaft dagegen, die auch für die Juden neue Erschwernisse brachte, wird schon früh den Keim der Ablehnung gegen dieses ihm fremde politische System gelegt haben.

Die turbulente politische Entwicklung hatte zwiespältige Folgen auch für Heines Schulleben. Das Düsseldorfer Lyzeum, dem er von 1807 bis 1814 angehörte, war unter der französischen Herrschaft im alten Franziskanerkloster eingerichtet. Ehemalige Franziskanermönche und Jesuiten lehrten neben französischen Emigranten. Aufklärerisches neben frommkatholischem und in der letzten Zeit streng preußisch nationalem Gedankengut wurde an die Jugend herangetragen. Es ist verständlich, daß der geistig regsame, phantasiestarke, für alles Neue empfängliche Junge wohl vieles aufnahm, aber es doch zu keiner geschlossenen Schulbildung bringen konnte. Daneben erhielt er nach eigenen Äußerungen aus der Bibliothek seines Onkels Simon van Geldern, eines etwas schrulligen Stubengelehrten, sowie aus der Düsseldorfer Landesbibliothek, die er als eifriger Leser häufig aufsuchte, stärkere geistige Anregungen. Wirtschaftliche Schwierigkeiten und auch die Erkrankung seines Vaters führten schließlich dazu, daß Heine die Schule nicht bis zum Schlußexamen absolvieren konnte. Er verließ sie vorzeitig, um gleich mit der kaufmännischen Berufsausbildung zu beginnen.

1815 fuhr der Vater mit seinem Sohn nach *Frankfurt* zur Messe und gab ihn dort dem Bankier Rindskopf in die Lehre. Doch schon nach ein paar Monaten, nachdem auch auf einer zweiten Lehrstelle seine kaufmännische Untüchtigkeit zutage getreten war, kehrte Heine nach Düsseldorf zurück. Für ihn war diese Frankfurter Zeit dadurch wichtig, daß er hier, wo ein Teil der Juden immer noch im Ghetto zusammengedrängt lebte, ein ganz anderes Bild vom Judentum erhielt, als er es von seiner niederrheinischen Heimat her hatte. Wenn sich auch etwa LUDWIG BÖRNE, den er dort zum erstenmal traf, gleich manchen anderen Juden eine geachtete und gesicherte Stellung erworben hatte, so konnte doch hier von einer Gleichberechtigung von Christen und Juden, wie er sie aus Düsseldorf kannte, keine Rede sein.

Nur kurze Zeit blieb Heine in Düsseldorf. Schon im Sommer 1816 schickten ihn die Eltern nach *Hamburg,* damit er sich dort unter der strengen Aufsicht seines Onkels SALOMON HEINE besser und gründlicher auf den Beruf des Kaufmanns vorbereite, des einzigen, der nach Ansicht seiner Eltern für ihn zunächst in Frage kam. Entscheidend wurde diese Hamburger Zeit bis 1819 für Heine dadurch, daß er allgemein in Hamburg und speziell im Hause des reichen Onkels zum erstenmal in eine gesellschaftlich freiere, geistig anspruchsvollere Welt kam und Verbindung zu Literaten wie zur liberalen kaufmännischen Jugend Hamburgs aufnehmen konnte, wie er sie aus dem provinziell kleinbürgerlichen Düsseldorf nicht kannte. Durstig griff er nach allem, was ihm in dieser weltoffenen Handelsstadt geboten wurde. Im Hause des Onkels verliebte er sich in seine hübsche und aufgeweckte Kusine Amalie und fand zunächst wohl auch Gegenliebe. Doch Aussicht, das geliebte Mädchen fürs Leben zu gewinnen, bestand für den armen Neffen des reichen Bankiers von vornherein nicht. Dieses Erlebnis unerfüllbarer Liebe sprach sich in den ersten Gedichten aus, die 1817 in der Hamburger Zeitschrift ›Der Wächter‹ erschienen.

Der Onkel Salomon war mit dem Verhalten und den Leistungen seines Neffen nicht einverstanden. Dichterische Betätigung eines Banklehrlings war in den Augen des reichen Bankiers offenbar unstatthaft. Darum hatte auch der junge Dichter seine ersten Gedichte unter dem Pseudonym „Sy Freudhold Riesenharf", einem Anagramm aus „Harry Heine Düsseldorf", veröffentlicht. Doch auch Heines Befähigung zum Bankier überzeugten den Onkel offensichtlich nicht. Trotzdem ließ er ihn nicht fallen. Er hat in echter Großzügigkeit und bemerkenswertem Familiensinn trotz mancher Mißstimmungen und Verärgerungen immer wieder zu seinem Neffen gehalten. So richtete er ihm 1818 in der Kleinen Bäckerstraße ein Manufakturwarengeschäft ›Harry Heine und Comp.‹ ein. Doch schon nach einem knappen halben Jahr machte Heine Konkurs, wie übrigens wegen der allgemeinen Geschäftskrise zu dieser Zeit auch manche andere Kaufleute. Die Ausdauer und der Eifer, wie sie für das Geschäftsleben notwendig sind, fehlten dem jungen Dichter. Gegen den Zwang und die Nüchternheit des Geschäftsalltags empörte er sich in seinem Drang zur Ungebundenheit, in seinem phantasiestarken, aber noch ziellosen Suchen. Er lief lieber durch die Straßen der Stadt, saß am Alsterpavillon und beobachtete die Menschen; Erfahrungen, die ihm später Stoff für seine Werke bieten sollten (vgl. »Buch le Grand«, Kap. XIV). Mit dem schnellen Ende seiner Firma war für den Onkel wie auch für Heine selbst der endgültige Beweis seiner kaufmännischen Untüchtigkeit erbracht.

Zur Biographie des jungen Heine:

KAUFMANN, D.: Aus Heines Ahnensaal, 1896.
SCHNEE, H., Heines väterliche Ahnen als Lippische Hoffaktoren, in: Ztschr. f. Relig. u. Geistesgesch. 5, 1953, S. 53–70.
ADERS, G.: Heine u. seine Düsseldorfer Vorfahren, in: Jan Wallem 1960, S. 157–167.
HÜFFER, H.: Heinr. Heine, Ges. Aufsätze, 1906.
HIRTH, F.: Das Geburtsjahr, in: F.H., Bausteine, 1950, S. 16–24.
WADEPUHL, W.: Heines Geburtsjahr, in: W.W., Heine-Studien, 1956, S. 9–31.
VEIT, P.: Die Rätsel um Heines Geburt, in: Heine-Jb. 1962, S. 5–25,
MOOS, E.: Heine u. Düsseldorf, 1908.
SÖHN, G.: Heine in seiner Vaterstadt Düsseldorf, 1966.
GALLEY, E.: Harry Heine als Benutzer der Landesbibliothek in Düsseldorf, in: Heine-Jb. 1971, S. 30–42.
MEYER-BENFEY, H.: Heine u. seine Hamburger Zeit, 1946 (zuerst erschienen 1919).

b) Studienzeit (1819–1825)

Nach dem Scheitern seiner kaufmännischen Laufbahn versuchte es Heine jetzt auf einem anderen Weg und begann mit Unterstützung seines Onkels das Studium der Jurisprudenz. Nach einem kurzen Besuch bei seinen Eltern in Düsseldorf ging er im Oktober 1819 an die erst ein halbes Jahr vorher gegründete *Bonner Universität*. Da er keine abgeschlossene Schulbildung hatte, mußte er zunächst eine kurze Aufnahmeprüfung ablegen, die er mehr schlecht als recht bestand. Er belegte darauf neben einigen juristischen im wesentlichen historische und philologische Vorlesungen.

Heine wurde in Bonn sehr bald Mitglied der Burschenschaft ›Allgemeinheit‹, in der ein großer Teil der Studenten der jungen Universität vereinigt war. Schon Ende Oktober wurde er als Zeuge in einer schwierigen Disziplinarsache vor den Universitätsrichter gezogen; er hatte an einem Fackelzug zur Erinnerung an die Schlacht bei Leipzig teilgenommen, bei der angeblich burschenschaftlich-revolutionäre Tendenzen geäußert worden waren. Die Angelegenheit wurde im wesentlichen niedergeschlagen und hatte auch für Heine selbst keine nachteiligen Folgen. Ein besonders flotter Student ist Heine nie gewesen, wenn er sich auch an dem Paukbetrieb und manchem studentischen Treiben zuweilen beteiligte. Körperliche Schwäche, Abneigung gegen zu laute Feuchtfröhlichkeit, wie überhaupt gegen jeden Lärm, und besonders eine lebhafte dichterische Betätigung ließen ihn Abstand wahren. Eine bewußte Abkehr aus politischen Gründen ist aus seiner Studienzeit noch nicht bekannt.

Heine schreibt am 15. Juli 1820 in einem Brief von dem regen Interesse, das August Wilhelm Schlegel, dessen Kolleg über Metrik und über Geschichte der deutschen Sprache und Poetik er eifrig besuchte, seinen dichterischen Versuchen gegenüber gezeigt habe. Wieweit sich in solchen Berichten Heines über seine Begegnungen mit so berühmten Professoren, später auch mit Hegel in Berlin, Wahrheit und Dichtung vermischten, läßt sich nicht mehr nachweisen. Auf jeden Fall muß man diese Bonner Zeit für sein dichterisches Werden sehr hoch in Anschlag bringen. Einige seiner bedeutendsten Gedichte entstanden hier, z. B. »Die Grenadiere« und »Belsatzar«. Auffällig ist sein Interesse an orientalischen Themen und Motiven, das besonders im Drama »Almansor« seinen Niederschlag fand. Auch hierfür wird Heine die ersten Anregungen im Kreise von Schlegel in Bonn erhalten haben. Die Berührung mit dem geistigen Leben an der Universität, mit Persönlichkeiten wie A. W. SCHLEGEL und ERNST MORITZ ARNDT, mit jungen begeisterungsfähigen Studenten wie WOLFGANG MENZEL, seinem späteren Widersacher, KARL SIMROCK, dem späteren Berliner Arzt DIEFFENBACH und dem Aachener Dichter JEAN

Baptiste Rousseau erweiterten seinen Gesichtskreis und regten ihn zu eigener Produktion an. Nach Schluß des Sommersemesters 1820 blieb Heine noch einige Wochen in seinem Beueler Quartier, um an seinem Drama »Almansor« zu arbeiten.

Ende August 1820 verließ Heine Bonn und besuchte noch einmal in Düsseldorf seine Eltern, die bald darauf wegen der schweren Erkrankung des Vaters zunächst nach Bad Oldesloe in Holstein und dann nach Lüneburg zogen, wo der Vater in den Bädern Hilfe suchte. Darauf zog Heine auf weiten Umwegen durch Westfalen und Niedersachsen zu seinem neuen Studienort *Göttingen*. An dieser Universität sollten für Heine die juristischen Studien stärker zu ihrem Recht kommen, doch vernachlässigte er die altdeutschen und philologischen Kollegs nicht. Auch hier trat er zunächst in die Burschenschaft ein, wurde aber bald wegen eines Verstoßes gegen die Satzung ausgeschlossen. Dieser erste Göttinger Aufenthalt endete sehr schnell. Eine Forderung Heines gegen einen Beleidiger auf Pistolen im Dezember 1820 führte im Januar 1821 zu seiner Relegation aus Göttingen auf ein halbes Jahr.

Im Februar 1821 ging Heine nach *Berlin,* um hier seine Studien fortzusetzen, und blieb bis zum Mai 1823. Diese zwei Jahre bilden die entscheidenden Jahre für den Durchbruch seiner dichterischen Persönlichkeit. An der Universität fand er wie bisher in den Vorlesungen der Philosophischen Fakultät (bei Bopp, Wolf, Zeune) mehr Anregungen als in der juristischen, für die er nach wie vor keine Neigung zeigte. Einen großen Einfluß auf ihn hatten Persönlichkeit und Lehre Hegels, wie sich in seiner Schrift »Geschichte der Religion und Philosophie in Deutschland« zeigen sollte. In den »Geständnissen« beschrieb er später sehr ausführlich seinen persönlichen Verkehr mit dem Philosophen.

Wichtiger als alle Eindrücke und Einflüsse, die Heine aus dem Leben und Arbeiten an der Universität gewann, sollten die Berliner Jahre durch vielfache menschliche Begegnungen werden. Sie erweiterten nicht nur seinen geistigen und künstlerischen Horizont, sondern vermittelten ihm auch die persönliche und gesellschaftliche Sicherheit, die ihm später, besonders in Paris, die Türen zu den ersten Geistern öffnete. Bevor Heine als Dreiundzwanzigjähriger nach Berlin kam, hatte er im Grunde noch außerhalb des geistigen und kulturellen Lebens seiner Zeit gestanden. Düsseldorf war nur eine kleine Provinzstadt, in die wohl durch die Franzosen etwas modernes Leben eingezogen war, aus der jedoch der junge Heine keine stärkeren geistigen Anregungen gewinnen konnte. Während seines fast zweijährigen Aufenthalts in Hamburg hatte er außerhalb der Familie und des Geschäftskreises des Onkels wenig persönliche Verbindungen aufnehmen können. Seine ersten dichterischen Versuche ebneten ihm noch nicht die Wege zu bedeutenden Zeitgenossen. Die anderthalbjährige Studienzeit in Bonn und Göttingen hatte ihm zwar manche geistige Eindrücke vermittelt, hatte sein Wissen verbreitert und seine ersten wirklich dichterischen Leistungen gezeitigt. Im persönlichen Leben jedoch hatte ihm das akademische Leben keinen Auftrieb geben können. Er war einsam geblieben.

In Berlin dagegen fand Heine sehr schnell Eingang in die dortigen literarischen Kreise, in die Salons der RAHEL VARNHAGEN, der FRIEDERIKE ROBERT, der ELISE VON HOHENHAUSEN. Alles, was in Berlin Namen und Geist hatte, verkehrte dort und wurde nun auch mit Heine bekannt, so etwa CHAMISSO, SCHLEIERMACHER, HITZIG, HELMINA VON CHEZY und viele andere. Diese Kreise erkannten bald, welche Fähigkeiten in ihm lagen. Besonders die damals fünfzigjährige RAHEL VARNHAGEN verstand es, dem jungen Studenten nicht nur den gesellschaftlichen Weg zu ebnen; sie trug auch Wesentliches zur geistigen und künstlerischen Klärung des aus übertriebenem Selbstbewußtsein wohl manchmal störrischen jungen Menschen bei. Für sein Dichten fand er hier zum erstenmal echtes Verständnis und wohlwollende positive Kritik.

Durch Rahels und ihres Mannes KARL AUGUST VARNHAGEN VON ENSES Vermittlung gelang es, für seine bis dahin vereinzelt und verstreut erschienenen und für viele noch nicht veröffentlichte Gedichte einen Verleger zu finden: 1822 erschien bei Maurer in Berlin Heines erstes Werk: »Gedichte«. Diese Sammlung enthält die später im »Buch der Lieder« als »Junge Leiden« bezeichneten Gedichte: Traumbilder, Lieder, Romanzen, Sonette, dazu einige Übersetzungen von Gedichten BYRONS, dem er sich im Dichten und Leben verwandt fühlte. Liebessehnsucht, Liebesleid ist das beherrschende Thema dieser Gedichte wie im ganzen »Buch der Lieder«. Wohl mag die persönliche Erfahrung seines Verhältnisses zu seiner Kusine Amalie Heine in Hamburg, die Anfang 1821 den ostpreußischen Gutsbesitzer Friedländer geheiratet hatte, für manche dieser Gedichte den Anstoß gegeben haben; doch war dieses Schwärmen und Trauern, die Verbindung von Traum und Leben ein beliebtes Thema der spätromantischen Lieddichtung. Besonders FOUQUÉ, dessen »Zauberring« Heine in dieser Zeit sehr schätzte, wurde ihm Vorbild für sein eigenes Schaffen. Heine übernahm trotz seiner im Grunde unromantischen Welt- und Lebensauffassung Form und Stoff, wie sie ihm die romantische Dichtung seiner Zeit bot. Doch verstand er schon in manchen dieser frühen Versuche, diesem Material seine eigene Note zu geben. Die typisch Heinesche Ironie macht sich vereinzelt bemerkbar, z. B. im »Armen Peter«. Auch der Volksliedton in Sprache und Form –, durch den die Gedichte den Eindruck des persönlich Erlebten und Gefühlten erweckten, weist schon deutlich auf spätere bedeutendere Leistungen hin, wenngleich ihm auch darin Wesentliches nach Form und Inhalt von der Romantik vorgeprägt war. Arnims und Brentanos Sammlung »Des Knaben Wunderhorn« hat Heine zeitlebens sehr geschätzt. Dabei traf Heine in seiner Dichtung vielleicht gerade wegen seiner unromantischen Haltung den Volkston oft besser als die Romantiker selbst. Man vergleiche etwa die etwas später entstandene »Lorelei« mit den stoffgleichen Gedichten von Brentano und von Loeben. Zum vollen Verständnis von Heines Liebeslyrik genügen jedoch diese Vorbilder seines Dichtens nicht. Neuerdings wurde darauf hingewiesen daß in dem artistisch-rhetorischen Element seiner Lieder wesentliche Züge der Anakreontik und besonders des Petrarkismus – ein Ausdruck, den schon Heine selbst benutzt hat – zu bemerken sind (vgl. Windfuhr).

In den kritischen Blättern fand Heines erster Gedichtband eine recht freundliche Aufnahme. VARNHAGEN schrieb eine lobende Besprechung, desgleichen SCHLEIERMACHER und IMMERMANN, mit dem Heine hierdurch die erste Verbindung erhielt. Der junge Dichter hatte damit in führenden literarischen Zeitschriften, wie dem ›Gesellschafter‹ von Friedrich Wilhelm Gubitz, im ›Zuschauer‹ und im ›Morgenblatt‹ Anerkennung gefunden und konnte in Zukunft in ihnen auch seine eigenen Besprechungen, Prosastücke und neuen Gedichte veröffentlichen.

Wie zu der gesellschaftlichen und geistigen Elite Berlins in den Salons fand Heine den Weg auch zum Weinrestaurant Lutter und Wegner und zu dem genialisch lauten Treiben seiner Stammgäste. Zwar hat er E. T. A. Hoffmann dort wohl nicht mehr treffen können, da dieser bald nach Heines Ankunft in Berlin starb. Aber mit dem Schauspieler LUDWIG DEVRIENT und mit GRABBE kam er hier zusammen und teilte ihre scharfen, witzigen nächtelangen Dispute und tollen Einfälle, wenn auch der weniger robuste Heine meistens nur als stiller Beobachter und nur gelegentlich durch bissigen Witz und überlegene Schlagfertigkeit an den Disputen teilnahm. Für das Geniale in Grabbe zeigte Heine unmittelbares Verständnis. Die Handschrift des »Gothland« brachte er selbst zu Rahel Varnhagen, um damit bei ihr für Grabbe zu werben. Aber das Chaotische, Unausgereifte dieses Grabbeschen Frühwerkes erregte nur Furcht und Abscheu in diesem Kreis, der ganz im Banne der Goetheschen Persönlichkeit stand. Grabbe brachte seinerseits weder der Dichtung Heines, die zu dieser Zeit noch stark romantische, gefühlsbetonte Züge trug, noch dem Menschen Heine Verständnis entgegen.

Bedeutsam wurde die Berliner Zeit für Heine auch durch seine eifrige Mitarbeit im ›Verein für Kultur und Wissenschaft der Juden‹, der 1819 von LEOPOLD ZUNZ, EDUARD GANS und MOSES MOSER in Berlin gegründet war. Diese sahen ihre Aufgabe darin, ihren Glaubensgenossen, die jahrhundertelang vom kulturellen Leben so gut wie ausgeschlossen gewesen waren, durch Erteilung von Unterrichtsstunden und Vorträgen den Weg zu der bisher verschlossenen geistigen Welt zu ebnen und ihnen dadurch das Hineinwachsen in die moderne Gesellschaft zu erleichtern. Dabei bestanden sie darauf, diesen Schritt nicht durch einen Übertritt zum Christentum zu erkaufen, wie es damals in vielen jüdischen Familien geschah. Sie betonten bewußt ihr Festhalten an der alten jüdischen Religion.

Besonders zu MOSES MOSER fand Heine engen Kontakt, der sich erst nach seiner eigenen Konversion und seinem Streit mit Platen lockern sollte. Die Eltern Heines wie die Familie des Hamburger Onkels standen diesen Bestrebungen im Grunde fremd gegenüber. Eine tiefgehende religiöse Bindung zum Judentum hatte Heine von Hause nicht mitbekommen. So blieb seine Verbindung zu den jugendlich enthusiastischen jüdischen Reformern in Berlin auch nur eine Episode in seinem Leben. Doch hinterließ sie Eindrücke, die während seiner letzten Krankheitszeit wieder aufleben sollten. Zu denken wäre etwa an die »Hebräischen Melodien« des »Romanzero«. Aus den Bestrebungen des Kulturvereins empfing Heine unmittelbar die Anregung zu einem Roman aus der Leidenszeit seines Vokes im 16. Jahrhundert, dem »Rabbi von Bacherach«, der allerdings zunächst trotz eifriger Vorstudien und mehrjährigem Bemühen nur ein Torso blieb; erst Ende der 30er Jahre nahm er die Arbeit an diesem Werk wieder auf.

In Berlin lernte Heine auch den polnischen Grafen VON BREZA kennen, auf dessen Einladung hin er im Sommer 1822 eine Reise nach *Posen* und *Gnesen* unternahm. Hierüber berichtete er in dem Aufsatz »Über Polen«, der, allerdings vom Zensor gekürzt, 1823 im ›Gesellschafter‹ erschien. Schon 1821 hatte er im ›Rheinisch-Westfälischen Musenalmanach‹ einige »Briefe aus Berlin« veröffentlicht, die er 1826 in den zweiten Band der »Reisebilder« aufnahm, in den späteren Auflagen aber nicht wieder abdrucken ließ. In beiden Werken versuchte er sich in dem für ihn neuen Metier der Reisebeschreibungen, lockerer Berichte, gemischt aus persönlich Erlebtem und politischen, sozialen, kulturellen Exkursen. Wir finden dort bereits den leichten, flotten Stil, den er später in den »Reisebildern« in souveräner Weise zu handhaben wußte. Doch tritt in diesen ersten Werken das persönliche Erleben noch stärker zurück. Übrigens scheint Heine wegen einiger Bemerkungen im ersten »Brief aus Berlin« Schwierigkeiten mit der Universitätsbehörde bekommen zu haben, die ihn veranlaßten, in den späteren Briefen etwas vorsichtiger zu sein (vgl. Uhlendahl).

Am Schluß seiner Berliner Zeit, im April 1823, konnte Heine, wohl durch Vermittlung von JULIUS HITZIG, bei Dümmler in Berlin, dem Verleger des ›Gesellschafter‹, sein zweites Werk: »Tragödien nebst einem lyrischen Intermezzo« herausbringen. Das in Bonn geschriebene Trauerspiel »Almansor« und den »William Ratcliff« veröffentlichte Heine hier zusammen mit dem in der Zwischenzeit entstandenen Liederzyklus »Lyrisches Intermezzo«. Den Schicksalsdramen der Spätromantik zu sehr verwandt, zeigen beide Tragödien nur an Stellen, wo der Stoff dem Dichter die Möglichkeit zu lyrischer Ausweitung bot, Spuren dichterischer Originalität. Heine selbst schätzte lange Zeit seine Dramen sehr hoch ein. »William Ratcliff« nahm er sogar noch einmal 1852 in die dritte Auflage seiner »Neuen Gedichte« auf. Zu seinen Lebzeiten ist jedoch nur »Almansor« ein einziges Mal (1823) in Braunschweig durch Klingemann aufgeführt worden, erlebte aber einen Mißerfolg. »Ratcliff« ist erst viel später verschiedentlich als Vorwurf für Opern benutzt worden, darunter von MASCAGNI.

Die Lieder einer unglücklichen Liebe, das »Lyrische Intermezzo«, gehören zu Heines sangbarsten, immer wieder komponierten Liedern. Sechzehn dieser Lieder hat ROBERT SCHUMANN in seinem Zyklus »Dichterliebe« zusammengestellt. Die Nähe dieser Gedichte zum Volkslied in Stoff, Wortwahl und Form prädestinierte sie zur Vertonung. Die zwar oft nur scheinbare Schlichtheit und Unmittelbarkeit der Gefühls- und Erlebnisaussage machte diese Gedichte zur Lieblingslektüre von

Generationen. Doch war die Aufnahme dieses Bandes durch die Kritik nicht so einhellig wie die der »Gedichte«, ohne daß man den künstlerischen Fortschritt im »Lyrischen Intermezzo« verkannt hätte. Neben stärkerem Lob wurde auch der Tadel lauter. WOLFGANG MENZEL bezeichnete im ›Morgenblatt‹ einige der Gedichte als „unzüchtig ohne die beleidigte Schamhaftigkeit durch Kunstwert zu versöhnen". An den Tragödien hatte man allgemein viel auszusetzen.

Im Mai 1823 fuhr Heine zu seinen Eltern nach Lüneburg, wohin diese inzwischen gezogen waren. Die Berliner Zeit mit all ihren Eindrücken, Erlebnissen und literarischen Erfolgen hatte ihn noch weiter von seinen juristischen Studien entfernt, so daß er sich mit dem Gedanken trug, das Studium aufzugeben. Als er bald darauf nach Hamburg fuhr und mit dem Onkel Salomon, von dessen Zustimmung und Unterstützung er abhängig war, seine weiteren Pläne besprach, wollte dieser davon nichts wissen. Nach einem längeren Erholungsaufenthalt in *Cuxhaven,* wo Heine zum erstenmal die See erlebte, verbrachte er noch einige Wochen in *Hamburg.* Vielleicht hat ihn in dieser Zeit, wie Ernst Elster und nach ihm die meisten Biographen annehmen, eine neue Liebe zu seiner jüngeren Kusine Therese hingezogen, die natürlich ebensowenig wie seinerzeit die Liebe zu Amalie die Zustimmung seines Onkels finden konnte; doch sollte man nicht, wie es Elster versucht, diesen Liebesroman aus den Gedichten der »Heimkehr« herauslesen wollen, denn in dem souveränen Gebrauch eigener und zeitgenössischer dichterischer Formen und Formeln haben sich diese vom persönlichen Erleben zu weit entfernt (vgl. Rose).

In dieser Zeit nahm Heine auch die Verbindung mit JULIUS CAMPE auf, der bald darauf die »Tragödien nebst einem lyrischen Intermezzo« in seinen Verlag übernahm. Ihm übergab er von da ab alle seine Werke, abgesehen von ein paar Auftragsarbeiten aus seiner Pariser Zeit. Es ist bemerkenswert, wie sehr Campe sich all die Jahre hindurch für Heines Werk trotz vieler Schwierigkeiten durch Zensur und Verbote eingesetzt hat. Gewiß hat es zwischen ihnen immer wieder einmal Auseinandersetzungen gegeben, über die Höhe des Honorars, über Publikumswirksamkeit seines Schaffens, über Heines Pläne einer Gesamtausgabe und anderes. Aber es ist niemals zu einem Bruch gekommen. Ein bedeutender finanzieller Erfolg blieb Heines Werken zu seinen Lebzeiten trotz des stetig wachsenden Ruhmes versagt; das Risiko des Verlustes war dagegen für Campe bei den ständigen behördlichen Schikanen groß.

Erst im Januar 1824 ging Heine zur Beendigung seines juristischen Studiums wieder nach *Göttingen*. Für die beschleunigte Aneignung des ihm nicht gerade interessanten Stoffes des römischen und kanonischen Rechts war die ruhige, etwas altmodische, wenig Abwechslungen bietende Göttinger Universität sehr geeignet. Heine fand nun auch zu einigen seiner juristischen Lehrer persönlichen Kontakt, vor allem zu den Professoren HUGO und SARTORIUS, die aber in dem nicht mehr ganz jungen Studenten vielleicht mehr den Dichter als den Juristen schätzten.

Schon zu Ostern 1824 fuhr Heine wieder nach *Berlin,* wo er so viele Freunde und so große Anerkennung für sein dichterisches Schaffen gefunden hatte. Auf der Hinreise besuchte er in Magdeburg IMMERMANN, den er im Zusammenhang mit dessen Besprechung seiner »Gedichte« kennengelernt hatte. Anscheinend haben sie sich nur dieses eine Mal persönlich getroffen. Doch blieben sie bis zu Immermanns frühen Tod 1840 einander in gegenseitiger Hochachtung verbunden. Trotz oder vielleicht gerade wegen der großen Verschiedenheit ihrer Charaktere und ihrer dichterischen Begabungen verstanden sie sich sehr gut in ihrem gemeinsamen Bestreben, aus dem klassisch-romantischen Erbe, dem sie erwuchsen, den Weg zu einem neuen Realismus zu finden. In Berlin verkehrte Heine wieder rege im Hause RAHEL VARNHAGENS und FRIEDERIKE ROBERTS sowie mit den Freunden aus dem jüdischen Kulturverein, MOSER und GANS.

Im Herbst 1824 unternahm Heine eine zweite Reise, und zwar durch den *Harz* nach *Thüringen*. Die Schilderung dieser »Harzreise« veröffentlichte er 1826 zunächst im ›Gesellschafter‹ und kurz später im ersten Band der »Reisebilder«. In Weimar suchte Heine bei dieser Gelegenheit auch GOETHE auf. Die Begegnung war nur kurz. Goethe vermerkte in seinem Tagebuch unter dem 20. Okt. 1824 lediglich: „Heine aus Göttingen". Auf später übersandte Widmungen von Heines Werken reagierte er nicht. Auch Heines eigene briefliche Äußerungen über diesen Besuch lassen durch ihre verlegene Nebensächlichkeit den für ihn enttäuschenden Verlauf dieses Besuchs erkennen. Heine hat die Größe Goethes immer gesehen und sein Werk bewundert, auch wenn er selbst in seinem Schaffen neue Wege suchte. Er ist nie in den Fehler mancher zeitgenössischer Schriftsteller, besonders Börnes und Menzels, verfallen, die ihre eigenen dichterischen Versuche, ihr eigenes, andersgerichtetes Wollen durch schroffe Ablehnung Goethes legitimieren zu müssen glaubten. Die Echtheit des von Maximilian Heine überlieferten

Gesprächs Heines mit Goethe über seine Faustversuche wird übrigens bestritten.

Am 28. Juni 1825, nach seiner Meldung zur Promotion, ließ sich Heine vom evangelischen Pfarrer Grimm in Heiligenstadt, nur wenige Kilometer von Göttingen entfernt, taufen. Von diesem Tage an nannte er sich Heinrich Heine. Der Pfarrer bezeugt, daß Heine mit großem Ernst, guten Kenntnissen, tiefer Überzeugung, durchdrungen von der Bedeutung seines Vorhabens diesen Schritt getan habe. Heines religiöse Bindung ans Judentum war sicher nicht sehr groß. Die damals häufige *Konversion* von Juden zum Protestantismus – er nannte sie selbst das „Entreebillet zur europäischen Kultur" – entsprang gemäß dem Geist des aufklärerischen Liberalismus seiner Zeit wohl weniger einem gewöhnlichen Opportunismus als einer echten inneren Überzeugung, wenn auch nicht einer religiösen. Wenn man wie er als Sinn des Christentums eine im wesentlichen moralische Humanitätsreligion ansah, war es nur konsequent, wenn man sich als modern denkender Mensch aus altüberlieferter Traditionsgebundenheit löste und dem gemeinsamen humanitären, in der christlichen Staatsreligion gegründeten Streben anschloß. Diese Haltung wurde Heine ja in den weithin von konvertierten Juden geführten Kreisen der Berliner Salons, in denen er verkehrte, vorgelebt. Trotzdem wird ihm dieser Schritt selbst, kurz vor der Promotion, nicht ganz leicht gefallen sein, zumal der äußere Anlaß sicher der Gedanke war, sich dadurch den Weg in sein späteres Berufsleben zu erleichtern. Als nichtgetaufter Jude hatte er keine Aussicht, in einen höheren juristischen Beruf Eingang zu finden.

Am 20. Juli 1825 bestand Heine vor dem Dekan der juristischen Fakultät Göttingen, Professor Hugo, das *Doktorexamen* mit dem Prädikat „rite". Er mußte dafür fünf Thesen aus dem Familien- und dem römischen Recht verteidigen. Eine Dissertation, die zu dieser Zeit noch nicht vorgeschrieben war, hat er nicht verfaßt. Trotz nicht gerade glänzender Leistungen hatte Heine auf jeden Fall einen erfolgreichen Abschluß seiner juristischen Ausbildung erreicht, und die Möglichkeit schien nun gegeben, in einen bürgerlichen Beruf einzutreten.

Zur Biographie:

Scheuer, O. F.: Heine als Student, 1922.
Finke, Fr.: Gustav Hugos Laudatio auf Heine, in: Heine-Jb. 1968, S. 12–17.

Beyer, P.: Der junge Heine, 1911.
Daub, G.: Heines Konversion, in: Unser Eichsfeld, 1925, S. 303–311.
Campe: Heine-Bibl. II Nr 1487–1494; Goethe: Heine-Bibl. II Nr
    1542–1567; U. Maché: Der junge Heine u. Goethe, in: Heine-Jb.
    1965, S. 42–47; Mende, F.: Zu Heines Goethe-Bild, in: Etudes
    Germ. 23, 1968, S. 212–231; Trilse, C.: Das Goethe-Bild Heines,
    in: Goethe. Jb. N.F. 30, 1968, S. 154–191.
Einzelne Gedichte: Erstdrucke, chronologisch in: Heine-Bibl. I Nr
    589–733; Literatur: Heine-Bibl. II Nr 2726–2850.
Einzelne Prosastücke: Erstdrucke, chronologisch in: Heine-Bibl. I
    Nr 734–834.

»Gedichte«

Entstehung: 1816–1822. – *Hs.:* einzelne Blätter im Heine-Archiv.
Erstdruck: 1822 bei Maurer in Berlin. Vorher z. T. in verschiedenen
    Zeitschr. veröffentlicht wie ›Hamburgs Wächter‹, ›Rhein. Westf.
    Anzeiger‹, ›Gesellschafter‹, ›Zuschauer‹ u. a. – Als »Junge Lei-
    den« z. gr. T. 1827 ins »Buch der Lieder« aufgenommen. – vgl.
    Heine-Bibl. I Nr 434f.
Literatur: Heine-Bibl. II Nr 2987–2995; Ch. Siegrist, Heines Traum-
    bilder, in: Heine-Jb. 1965, S. 17–25; ferner: E. Galley, Ein un-
    bekanntes Heinegedicht (aus der Bonner Studentenzeit), in: Neues
    Rheinland, 1958/59, H. 5, S. 23.

»*Almansor.* Eine Tragödie«

Entstehung: 1820/21. – *Hs.:* unbekannt. – *Uraufführung:* 20. Aug. 1823
    in Braunschweig (einzige Auff. zu Heines Lebzeiten).
Erstdruck: Tragödien, nebst einem lyrischen Intermezzo. Berlin:
    Dümmler 1823, S. 129–247. – Fragmente daraus schon vorher in:
    ›Gesellschafter‹, 1821, Nr 179–186.
Literatur: Heine-Bibl. II Nr 3198–3207; bes.: H. Mutzenbecher,
    Heine u. das Drama, 1914.

»*William Ratcliff.* Eine Tragödie«

Entstehung: 1822. – *Hs.:* unbekannt. – *Aufführungen:* nur als umge-
    wandelte Operntexte.
Erstdruck: Tragödien, nebst einem lyrischen Intermezzo. Berlin:
    Dümmler 1823, S. 1–68; Neue Gedichte, 3. Aufl. 1852, S. 265–332.
    – 1827 ins »Buch der Lieder« übernommen.
Literatur: Heine-Bibl. II Nr 3109f.; bes.: Mutzenbecher s. bei
    »Almansor«.

»Lyrisches Intermezzo« vgl. »Buch der Lieder«, S. 30.

»Briefe aus Berlin«

Entstehung: 1822. – *Hs.:* unbekannt.
Erstdruck: Rhein. Westf. Anzeiger 1822. – verkürzt 1826 in »Reisebilder« Tl 2, S. 297–326, übernommen (aber nur in der 1. Aufl.
enthalten).
Literatur: J. HERMAND: Heines »Briefe aus Berlin«, in: Gestaltungs-
gesch. u. Gesellschaftsgesch. 1969, S. 284–305.

»Über Polen«

Entstehung: 1822. – *Hs.:* unbekannt.
Erstdruck: ›Gesellschafter‹, 1823.
Literatur: H. KNUDSEN, Zu Heines Aufsatz »Über Polen«, in: Zeit-
schr. f. Bücherfreunde N. F. 9, 1917/18, Beibl. S. 64–67; M.
KOFTA, Heine u. die poln. Frage, in: Weimarer Beiträge 6, 1960,
S. 506–531.

»Reisebilder«, Teil 1–4

Entstehung: 1826–1831, s. Einzeltitel.
Literatur: Heine-Bibl. II Nr 3112–3148; M. LINK, Der Reisebericht
als literarische Kunstform von Goethe bis Heine, Diss. Köln 1963.
EMMERICH, K.: Heines Reisebilder, Diss. Berlin 1965.

»Die Harzreise«

Entstehung: 1824. – *Hss.:* Bruchstück von 19 S. im Heine-Archiv,
sonst unbekannt.
Erstdruck: ›Gesellschafter‹, 1826. – Reisebilder, Tl 1, 1826, S. 11–260.
– Faks.-Drucke dieses Erstdrucks nach dem von Heine selber kor-
rigierten u. ergänzten Ex., mit Einl. v. F. Hirth, erschienen 1920
u. 1947. – Für die weitere Druckgeschichte vgl. Heine-Bibl. I
Nr 448–495.
Literatur: E. LÖWENTHAL, Studien zu Heines »Reisebildern«, 1922;
G. TSCHICH, Der Impressionismus im Prosastil von Heines »Reise-
bildern«, Diss. Kiel 1928; J. MÜLLER, Über Heines »Harzreise«,
in: J. M., Wirklichkeit u. Klassik, 1955, S. 443–454; W. WADE-
PUHL, Eine ungedruckte Vorrede zu Heines Reisebildern, in W. W.,
Heine-Studien, 1956, S. 91–96; J. L. SAMMONS: Heine's Compo-
sition »Die Harzreise«, in: Heine-Jb. 6, 1967, S. 40–47.
HERMAND, J.: Werthers Harzreise, in: Hermand: Von Mainz nach
Weimar, 1969, S. 129–151; R. MÖHRMANN: Der naive u. d. senti-
mentalische Reisende. Vergleich von Eichendorffs »Taugenichts«
u. Heines »Harzreise«, in: Heine-Jb. 1971, S. 5–15.

J. Ransmeier, Heines Reisebilder u. Laurence Sterne, in: Archiv
f. d. Studium d. neueren Sprachen, Bd 118, 1907, S. 289–317;
H. Uhlendahl, Fünf Kapitel über H. Heine u. E. T. A. Hoffmann, 1919; F. Marcus, Jean Paul u. H. Heine, 1919.
Vgl. im übrigen: Heine-Bibliographie II Nr 3021–3041.

c) Die Jahre zwischen Studium und Übersiedlung nach Paris (1825–1831)

Nach dem Abschluß seines Studiums fuhr Heine zunächst
für mehrere Wochen zur Erholung auf die Insel Norderney.
Das Meer, das er in diesen Wochen in seiner ewig wechselnden
Gestalt erleben konnte, machte auf ihn einen nachhaltigen Ein-
druck, der auch bald darauf in den Nordseeliedern seinen
Niederschlag fand. Nach Hamburg zurückgekehrt, versuchte
Heine vergeblich die Genehmigung zu erhalten, sich dort als
Advokat niederzulassen; Gegenstimmen – wie er selbst an-
nahm, Verleumdungen – verhinderten seine Zulassung.

Dagegen hatte Heine in seinem schriftstellerischen Werde-
gang Erfolg. Im Mai 1826 erschien bei Hoffmann u. Campe in
Hamburg der erste Band der »Reisebilder«. Mit diesem Band
gewann Heine ein wesentlich breiteres Echo als mit seinen beiden früheren Werken. Von dieser Zeit an stand der Dichter im
Mittelpunkt des literarischen Interesses seiner Zeit. Heine
brachte diesen Band als Sammlung der in den letzten Jahren
entstandenen Werke heraus. Er vereinigte mit der »Harzreise«,
dem echten Reisebild, auch die Lieder der »Heimkehr«, dazu
noch einige weitere Gedichte wie »Götterdämmerung« und
»Die Wallfahrt nach Kevlaar« und schließlich die erste Abteilung der »Nordsee«. In diesen Werken – sowohl im lyrischen
Teil wie in der Prosa der »Harzreise« – hatte Heine nun den
eigenen Stil gefunden. Für seine »Reisebilder« waren die Werke
von Laurence Sterne, die er etwa 1823 kennengelernt hatte,
von entscheidender Bedeutung. Dem Stil und der Form nach
sind in seinen »Reisebildern« manche Anlehnungen an diesen
von ihm damals sehr geschätzten Dichter nachzuweisen. Nicht
zuletzt ist er in diesen Werken auch Jean Paul verpflichtet,
für den er zeit seines Lebens eine besondere Vorliebe hatte.

Die Kritik stellte sich zu diesem Werk teils mit zunehmendem
Lob teils mit verstärktem Tadel. Die Stimmungsbrüche vieler
Lieder, seine Kritik an Mitmenschen, an den Kräften seiner
Zeit in Stadt, Gesellschaft und Kirche ließen die Geister sich

scheiden. So bescheinigte ihm die Hallesche ›Allgemeine Literaturzeitung‹, daß er in diesem Werk zuweilen recht geniale Ansichten, recht wackere Empfindungen, aber auch wieder ganz unerträgliche Gemeinheiten und ganz ungehörigen Witz ausspreche.

Den Sommer 1826 verbrachte Heine nach einigen Wochen in Norderney in stiller Zurückgezogenheit im Elternhaus in Lüneburg, wo er am zweiten Teil der »Reisebilder« arbeitete, der dann im April 1827 erschien. In diesem Band vereinigte er die Fortsetzung der »Nordsee« und die »Ideen. Das Buch Le Grand« mit den »Briefen aus Berlin«. Letztere wurden aber in der zweiten Auflage dieses Bandes von 1831 nicht wieder aufgenommen. Der Titel »Reisebilder« paßt eigentlich nur auf den Rest der Nordseebilder und in gewisser Hinsicht auf die »Briefe aus Berlin«. Die »Ideen. Das Buch Le Grand« lassen die Fiktion des Reiseberichts ganz fallen. In einem lockeren Gespräch mit einer schönen Frau Evelina, der er das Werk widmet und hinter der wohl Friederike Robert zu sehen ist, verbindet er novellistisch ausgeschmückte Erlebnisse mit einem Geplauder über Gott und die Welt. Im Mittelpunkt stehen Erinnerungen an seine Jugend in Düsseldorf und an den napoleonischen Invaliden Le Grand, der dem andächtig zuhörenden Knaben die großen Siege des Kaisers vortrommelt. Der Tod Napoleons auf St. Helena wird den Anstoß gegeben haben, daß Heine auf die Gestalt des großen Heros seiner Jugend zurückgriff und ihn ähnlich wie in den »Grenadieren« im Bild des Kriegsveterans verherrlichte. In dem Gegen- und Nebeneinander der beiden gegensätzlichen Sphären, der großen welthistorischen in der Person Napoleons und der privaten kleiner Liebeserlebnisse liegt im Sinne Heinescher Ironie Spannung wie innere Ergänzung der scheinbar nur in der Person des Erzählers locker verbundenen Teile dieses Werkes. – Die Zusammenstellung verschiedenartiger Teile in den »Reisebildern« sollte Heine die Möglichkeit bieten, noch weitere Bände von Reisebildern zu veröffentlichen, in denen er Berichte, Erzählungen und lyrische Stücke sogar mit Beigaben seiner schriftstellerischen Freunde vereinigen konnte. So hatte er schon im zweiten Band an den Schluß der Nordseelieder einige Distichen IMMERMANNS angefügt, in denen sich dieser in der Art der Weimarer Xenien mit der zeitgenössischen Literatur auseinandersetzte. Einige der gegen den Grafen PLATEN gemünzten Verse sollten zu einer bissigen Kontroverse führen, die für Heines späteres Schaffen von nicht geringer Bedeutung wurde.

Heine wartete die Wirkung des zweiten Bandes der »Reisebilder« nicht in Hamburg ab, sondern unternahm sofort nach
dessen Erscheinen die lang geplante Reise nach *England*. Etwa
vier Monate blieb Heine dort, in der Hauptsache in London,
zum Schluß noch vierzehn Tage im Badeort Ramsgate. Er war
mit großen Erwartungen nach London gefahren. England, das
Land der politischen Freiheit des Bürgers, London, die Welt-
stadt, zogen ihn an. Das Treiben und Leben der Stadt beein-
druckte ihn zunächst sehr. Hamburg erschien ihm dagegen viel
ruhiger, behäbiger, ja spießbürgerlicher. Mit großem Interesse
verfolgte er das politische Leben und besuchte die öffentlichen
Sitzungen des Parlaments. Die Berichte, die er über seine Londoner Eindrücke 1828 zuerst in den ›Neuen allgemeinen politischen Annalen‹, später im vierten Band der »Reisebilder«
veröffentlichte, sind ein beredtes Zeugnis dieses neuen Blick-
feldes, das sich Heine in London erschlossen hatte. Zwar waren
auch schon in seinen früheren Berichten aus Berlin und Polen
politische Fragen angeschnitten, doch mehr solche der Sozial-
politik. Das eigentliche Interesse Heines an den politischen
Tagesfragen wird erst in England geweckt. Seine Londoner
Berichte sind die direkte Vorstufe seiner späteren Berichterstattung aus Paris für die ›Allgemeine Zeitung‹.

In menschlicher Hinsicht allerdings war dieser Englandauf-
enthalt eine Enttäuschung. Die Distanziertheit, die Selbst-
genügsamkeit der Engländer verwehrte dem jungen deutschen Reisenden die menschliche Begegnung. Was er in Berlin
durch die Aufnahme in die Salons erlebt hatte, was ihm übrigens
später auch in Paris an gesellschaftlichem Leben möglich sein
sollte, vermißte er in London durchaus, abgesehen von dem
Hause MOSCHELES, in dem er wohl häufiger verkehrte. Die
bitteren Urteile Heines über die Engländer, die immer wieder in seinen Schriften auftauchen, sind sicherlich zum Teil
auf die Erfahrungen seiner einsamen Londoner Monate zu-
rückzuführen.

Nach kurzem Aufenthalt in Amsterdam auf der Rückreise
und anschließenden Erholungswochen auf Norderney und
Wangeroog kam Heine im September 1827 wieder in *Hamburg*
an. Einige Wochen lang bereitete er hier eine neue Ausgabe
seiner Gedichte vor, jetzt unter dem neuen Titel »Buch der
Lieder«. Es waren keine neuen, unbekannten Gedichte, die er
hier vereinigte. Zu dem frühen Band der »Gedichte« fügte er
nun die Gedichte des »Lyrischen Intermezzo«, die Lieder der
»Heimkehr« und »Die Nordsee« hinzu. Allerdings ging er bei

dieser Zusammenstellung sehr kritisch vor. Eine Anzahl von Gedichten der Sammlung von 1822 ließ er ganz aus, und zwar nicht nur solche, die er aus ästhetischen Gründen nicht mehr anerkannte, sondern auch einige, die bei ihrer ersten Veröffentlichung Anstoß erregt hatten. Andere Gedichte nahm er erst nach sorgfältigem Durchfeilen auf.

Die ungeheure Bedeutung, die das »Buch der Lieder« noch erlangen sollte, konnten die Zeitgenossen nicht voraussehen. Für sie war es nur eine Zusammenstellung von schon Bekanntem. So konnte sich das Werk zunächst nur langsam durchsetzen. Erst nach zehn Jahren war die erste Auflage vergriffen. Damit war dann aber auch der Durchbruch gelungen. Bis zu Heines Tod folgten noch weitere elf Auflagen. Heute ist diese Sammlung noch immer das bekannteste Buch Heines und liegt in Übersetzungen in alle Kultursprachen vor.

Heines Berufsaussichten blieben dabei unsicher. Sowohl in Hamburg wie in Berlin, wo VARNHAGEN für Heine vermittelte, scheiterten seine Versuche, eine Stellung zu erhalten. Darum hatte er schon von Norderney aus, wieder durch Fürsprache Varnhagens, Verbindung mit COTTA in Stuttgart aufgenommen. Dieser trug ihm nun die Mitherausgabe der Münchener ›Neuen allgemeinen politischen Annalen‹ an. Heine sagte zu, aber auf der Reise dorthin im Oktober 1827 ließ er sich viel Zeit. Nach kurzem Besuch bei seinen Eltern in Lüneburg fuhr er über Göttingen weiter nach Kassel, wo er die Brüder JACOB und WILHELM GRIMM aufsuchte; deren jüngerer Bruder, LUDWIG EMIL GRIMM, porträtierte ihn bei dieser Gelegenheit. In Frankfurt blieb er mehrere Tage und verkehrte freundschaftlich mit BÖRNE. Ähnliche politische Haltung, die gleichen Feinde und die Gemeinsamkeit ihres ironisch scharfen Stils verband die beiden damals schon weithin bekannten jüdischen Schriftsteller und verdeckte noch die großen Temperaments- und Charakterunterschiede und sachliche Gegensätze, die später die scharfe Trennung verursachen sollten. Über Heidelberg, wo er kurz mit seinem Bruder Max, der dort Medizin studierte, zusammentraf, gelangte er nach Stuttgart. Hier besuchte er seinen alten Bonner Studienfreund WOLFGANG MENZEL. Noch bestand trotz mancher unterschiedlichen Ansichten gutes Einvernehmen zwischen dem bekannten und gefürchteten Literaturkritiker des Stuttgarter ›Morgenblattes‹ und dem jungen, schon berühmten Dichter.

In *München* traf Heine erst Ende November 1827 ein. Nachdem er mit Cotta bei einem kurzen Zusammensein in Stuttgart in ein gutes Verhältnis gekommen war, nahm er nun zusammen mit Dr. LINDNER, einem schon älteren Mitarbeiter Cottas die Arbeit an der Redaktion der ›Neuen allgemeinen politischen Annalen‹ auf. Aus seinem Bekanntenkreis versuchte er neue Mitarbeiter für die Zeitschrift zu gewinnen, um ihr eine stärkere politisch liberale Note zu geben. Er selbst veröffentlichte in ihr den größten Teil seiner »Englischen Fragmente«. Doch die geregelte und im allgemeinen selbstlose Tätigkeit eines Redakteurs lag Heine nicht. Trotz Cottas vorteilhaftem Angebot hatte er sich zunächst nur für ein halbes Jahr verpflichtet, da er für seine Zukunft andere Pläne hegte. Er hatte sich in München bald neue Freunde und Gönner erworben, die ihm eine sichere und seiner Ansicht nach genehmere Stellung in Aussicht stellten. So versuchte der Düsseldorfer Landsmann EDUARD VON SCHENK, der zu dieser Zeit dem bayerischen Universitätswesen vorstand und später Innenminister wurde, bei König Ludwig für Heine eine Professur für Literatur an der dortigen Universität zu erlangen. Auch im Grafen BOTHMER und dessen schöner Tochter, in dem russischen Diplomaten und Dichter TJUTSCHEW und der Schriftstellerin ELISE VON HOHENHAUSEN, die er schon von Berlin her kannte, fand er Gönner und Freunde. Andererseits verkehrte er ungeniert mit dem anrüchigen liberalen Schriftsteller, politischen Hasardeur und Denunzianten WIT VON DÖRRING, mochte er sich dadurch auch in den Augen mancher Münchener kompromittieren.

Aus ähnlichen Ressentiments, wie sie bis in unsere letzte Vergangenheit gegen Heine wirksam blieben, sollte sich bei all dem die Gegnerschaft gegen den bekannten, aber politisch verdächtigen Dichter als stärker erweisen als der Einfluß seiner Freunde. PLATEN der in München eine größere Anhängerschaft hatte, war über eines der eigentlich recht harmlosen Distichen Immermanns, die Heine im zweiten Band der »Reisebilder« veröffentlicht hatte, so erbost, daß er in seinem satirischen Lustspiel »Der romantische Ödipus« sehr massiv gegen Immermann vorging und auch Heine in übler Weise als „Petrarca des Laubhüttenfestes", als „Synagogenstolz mit Knoblauchgeruch" lächerlich zu machen suchte. Für Heines Münchener Hoffnungen folgenschwerer wurde eine scharfe Kritik seiner »Reisebilder« in der Münchener Zeitschrift ›Eos‹ aus der Feder von IGNAZ DÖLLINGER, dem jungen katholischen Kirchenhistoriker. Dieser warf Heine vor, er verlästere das, „was den Christen das Heiligste sei" und sei frech und unverschämt. Döllinger hatte damals großen Einfluß, und seine Meinung galt viel am bayrischen Hof.

Inzwischen, nach der Beendigung seiner halbjährigen Redaktionstätigkeit an den ›Politischen Annalen‹, war Heine zu einer Reise nach *Italien* aufgebrochen. Mitte Juli 1828 fuhr er über Innsbruck, Trient, Verona, Mailand, Genua nach Lucca, wo er in den Bädern von seinen häufigen migräneartigen Kopfschmerzen Genesung suchte. An dem internationalen geselligen Badeleben nahm er dabei eifrig teil. Zu einem engeren Kontakt mit der italienischen Bevölkerung konnte er wegen seiner mangelnden Kenntnis der italienischen Sprache nicht kommen.

Im Oktober 1828 war Heine nach Florenz gefahren und erwartete dort unruhig eine Nachricht Eduard von Schenks aus München über die geplante Professur. Als er auf der Weiterreise in Venedig von der schweren Erkrankung des Vaters erfuhr, machte er sich unverzüglich zu seinen Eltern auf. Aber schon in Würzburg erhielt er am 22. Dez. die Nachricht von dem drei Wochen vorher erfolgten Tod des Vaters. Gleichzeitig hörte er aus München, daß König Ludwig seine Anstellung als Professor abgelehnt habe.

Heine reiste nach *Hamburg,* wohin seine Eltern ein paar Monate vorher gezogen waren. Doch hielt es ihn dort nicht lange. Campe drängte auf den nächsten Band der »Reisebilder«, den er in Potsdam zusammenstellte. »Die Reise von München nach Genua« war zum Teil schon in Italien entstanden. Es war ein echter Reisebericht, allerdings wieder mit mancherlei Abschweifungen, besonders über politische Fragen. Während für Heine das alte Italien nicht lebendig geworden war, vermittelte er in seinem Bericht vorwiegend äußere Eindrücke von Land und Leuten. Den zweiten Teil dieses Bandes nehmen die »Bäder von Lucca« ein. Hier wurde aus dem Bericht über das mondäne Badeleben eine Art Novelle. Der Berichterstatter gerät in eine Gruppe der internationalen Badewelt: englische Ladies, italienische Sängerinnen und Tänzerinnen. In den beiden Gestalten des reich gewordenen jüdischen Bankiers Marchese Gumpelino und seines Dieners Hirsch Hyazinth karikierte Heine nicht unliebenswürdig Hamburger Persönlichkeiten. In den novellistischen Erlebnisbericht fügte er eine mehr als zwanzig Seiten lange vernichtende Kritik über PLATEN ein. Jene Bemerkungen Platens über Heine in dem »Romantischen Ödipus«, die seine jüdische Herkunft verächtlich machten, hatten ihn tief verletzt. Es besteht aber auch die Möglichkeit, daß Heine durch mündliche gezielte Indiskretion von den noch viel boshafteren gegen ihn gerichteten Epigrammen Platens erfahren hatte, die in der gleichen Zeit entstanden, doch erst viel später aus dem Nachlaß Platens veröffentlicht wurden. Indem er in Reaktion darauf nun seinerseits Platens dichterische Schwächen auf eine konträrsexuelle Veranlagung zurückführte und auf dieses Thema sarkastisch ausführlich einging, wurde dieser Angriff zu einem Pamphlet, mit dem sich Heine sehr schaden sollte. Nicht nur seine Gegner waren empört, sondern auch manche seiner Freunde erklärten sich mit diesem Ausfall nicht einverstanden.

Im Herbst 1829, nach einem kurzen Aufenthalt auf Helgoland, besorgte Heine die Herausgabe des dritten Bandes der »Reisebilder«, der dann im Dezember erschien. In *Hamburg* und Wandsbek, wo er bis zum Sommer 1830 blieb, hatte er unterdes viele neue interessante Begegnungen: so mit dem fast tauben Malerschriftsteller JOHANN PETER LYSER, dem jungdeutschen Schriftsteller LUDOLF WIENBARG, mit AUGUST LEWALD, Dr. ASSING, Baron VON MALTITZ sowie dem Musiker METHFESSEL – durchweg bekannten liberalen Persönlichkeiten Hamburgs. Heines Stellung in diesem Kreise war durch seine großen literarischen Erfolge gefestigt. Doch bewahrte er sich seine Selbständigkeit, den Abstand von jeder Koterie. Im Grunde blieb er einsam, zumal er durch seine scharfe Zunge, seinen Spott, sein etwas zu offen vorgetragenes Selbstbewußtsein manche gutwilligen Freunde immer wieder vor den Kopf stieß. – In Hamburg erlebte er in dieser Zeit übrigens ein Gastspiel PAGANINIS, dessen faszinierende Wirkung er später in den »Florentinischen Nächten« dargestellt hat.

Während eines zweiten Aufenthaltes auf Helgoland im Sommer 1830 erreichte ihn die Nachricht von der Julirevolution in Paris. Obschon er das Ereignis selbst wohl mit großem Enthusiasmus aufnahm, übte es noch keine unmittelbare Wirkung auf sein Leben aus. Seine beruflichen Hoffnungen lagen noch in Deutschland. Die Briefe aus Helgoland von Juli bis August 1830, die Heine als zweiten Teil in sein Börnebuch einbaute, schildern in der vorliegenden Form wohl kaum authentisch die Gedanken des Dichters in den Sommermonaten 1830, sondern werden 1839 zumindest bearbeitet worden sein.

Nach seiner Rückkehr nach Hamburg hören wir wieder von bereitwilliger Teilnahme an den Vergnügungen und Amüsements der großen Stadt, von Café- und Theaterbesuchen, von seiner Anwesenheit bei literarischen und naturwissenschaftlichen Vorträgen, daneben von einer Flucht in die Wandsbeker

Einsamkeit, von arbeitsreichen Wochen, aber auch von langem willenlosen Dahinbrüten und Warten auf Ereignisse, die seinem Leben eine neue Wendung geben sollten.

Zunächst bereitete Heine in dieser Zeit als »Nachtrag« den vierten Band der »Reisebilder« für den Druck vor. Hier vereinigte er den Schluß seiner italienischen Aufzeichnungen, »Die Stadt Lucca«, mit den »Englischen Fragmenten«, die er nach dem Druck in den ›Politischen Annalen‹ ein wenig erweiterte. Den novellistischen Rahmen behielt Heine in dem letzten Reisebild aus Italien noch bei, doch wurde dieser durch weitausgeführte Reflexionen stark zurückgedrängt. Die katholische Kirche in ihrer äußeren, staatlich sanktionierten Form und ihrem Auftreten in der Öffentlichkeit, dazu die privilegierte Adelskaste, Kräfte, deren Macht er in München am eigenen Leibe hatte erfahren müssen, wurden das Ziel seines Angriffs. Gleichzeitig schrieb Heine ein Vorwort zu »Kahldorf über den Adel«, einer Schrift gegen das Werk von M. von Moltke »Über den Adel und dessen Verhältnis zum Bürgerstand«. Hier wurde Heine in seinen Angriffen gegen die Privilegien des Adels und in seinen Urteilen über Ziele und Erfolge der Revolutionen von 1789 und 1830 besonders aggressiv. In den »Englischen Fragmenten« waren Heines politische Ansichten noch wesentlich gemäßigter gewesen. Erst jene persönlichen Erfahrungen in München, vielleicht auch politische Ideen aus dem Berliner Kreis Rahel Varnhagens und schließlich die Ereignisse in Paris hatten den Ton in Heines Schriften deutlich verschärft.

Trotz dieser Verschärfung seiner politischen Polemik hoffte Heine noch immer, in seinem Vaterland eine bürgerliche Anstellung zu finden. Er bat von neuem um Vermittlung Varnhagens in Berlin oder Wien. Die dauernde wirtschaftliche Abhängigkeit von seinem Onkel, die bei dem Temperament beider und ihren divergierenden Ansichten nicht ohne häufige Schwierigkeiten und Reibereien fortdauerte, belastete Heine sehr. VARNHAGEN aber winkte sofort ab: Heine solle sich weiterhin mit seinem Onkel gutstellen. Er sah klarer als Heine selbst, daß für diesen ein bürgerlicher Beruf im Deutschland von 1830 unmöglich sei, wenn er nicht seinen Weg als Dichter auf der in ihm angelegten Bahn aufgeben wollte. Auch ein letzter Versuch, in Hamburg als Ratssyndikus angestellt zu werden – die Stelle war Anfang 1831 freigeworden – schlug fehl. Der Mann seiner Kusine Therese, Dr. Halle, wurde ihm vorgezogen.

Zur Biographie:

Rose, H.: Ein biograph. Beitrag zu Heines Leben u. Werk, in: Weimarer Beiträge 5, 1957, S. 586–597.
Immermann: Heine-Bibl. II Nr 1634–1641; Platen: Heine-Bibl. II Nr 1796–1806.

»Die Nordsee«

Entstehung: 1824–1826. – *Hs.:* 1 S. im Heine-Archiv, dazu 88 S. französ. Übersetzg, sonst unbekannt.
Erstdruck: Abt. 1 in: »Reisebilder« Tl 1, 1826; Abt. 2 in: »Reisebilder« Tl 2, 1827. – Beide Abt. aufgenommen 1827 in »Buch der Lieder«, 1830 in die 2. Aufl. der »Reisebilder« Tl 1. – vgl. Heine-Bibl. I Nr 336, 533–539, 550ff.
Literatur: Heine-Bibl. II Nr 3092–3098; ferner: P. Remer, Die freien Rhythmen in Heines Nordseebilder, 1898; H. Saedler, Die Urform von Heines Nordseebildern, Eine Lesartenstudie, in: Festschrift f. B. Litzmann, 1920, S. 277–302; J. Müller, Heines Nordseegedichte, Eine Sprach- u. Stilanalyse, in: Wissenschaftliche Ztschr. d. Univ. Jena, Gesellschaftswiss. Reihe 1956 Nr 6, S. 191 bis 212; J. Murat, Apropos d'un poème de Heine, Note sur le création poétique, in: Bulletin de la Fac. des Lettres de Strasbourg, 35, 1956, S. 151–159.

»Buch der Lieder«

Entstehung: 1816–1827. – *Hs.:* einzelne Blätter verstreut, sonst unbekannt; im Heine-Archiv 133 S. französ. Übersetzg.
Erstdruck: 1827 bei Hoffmann u. Campe in Hamburg; vorher in »Gedichte«, »Tragödien nebst einem lyrischen Intermezzo«, »Reisebilder« Tl 1 u. in verschiedenen Zss. – vgl. Heine-Bibl. I Nr 336–412.
Literatur: Heine-Bibl. II Nr 2903–2938; ferner: R. Götze, Heines »Buch der Lieder« u. sein Verhältnis zum dt. Volkslied, 1895; Ch. Andler, Le »Buch der Lieder«, in: Ètudes Germ. 1, 1946, S. 337–359 u. 1947 2, S. 72–91; S. Prawer, Heines »Buch der Lieder«, 1960; W. Killy, Nachwort zu Heines »Buch der Lieder«, Fischer-Bücherei, 1961, S. 182–188; W. Berendsohn, Heines »Buch der Lieder«, Struktur- u. Stilstudie, in: Heine-Jb. 1962, S. 26–38; W. Rose, The early love poetry of H. Heine, 1962; Wege z. Gedicht. 2. Interpretation von Balladen, 1963, S. 261–277; S. Teichgräber, Bild u. Komposition in Heines »Buch der Lieder«, Diss. München 1964; M. Windfuhr: Heine u. d. Petrarkismus, in: Jb. d. Dt. Schiller-Gesellsch. Bd 10, 1966, S. 266 bis 285; W. A. Berendsohn: Die künstler. Entwicklung im Buch der Lieder, 1970; N. Reeves: The Art of Simplicity: H. Heine and Wilhelm Müller, in: Oxford German Studies, Vol. 5, 1970, S. 48 bis 66.

»Ideen. Das Buch Le Grand«

Entstehung: 1826. – *Hs.:* 1 S. im Heine-Archiv, sonst unbekannt.
Erstdruck: »Reisebilder« Tl 2, 1827, S. 129–296. – vgl. Heine-Bibl. I
Nr 496–501.
Literatur: Heine-Bibl. II Nr 3042–3051; ferner: K. HESSEL, Heines
Buch Le Grand«, in: Vierteljahrsschr. f. LitGsch. 5, 1892, S. 546
bis 572; H. WEIGAND, Heines »Buch Le Grand«, in: Journal of
Engl. and Germ. Philol. 18, 1919, S. 1–35; L. POLLAK, Heines
»Buch Le Grand«, in: Neophilologus 7, 1921, S. 260–272; J. JA-
COBS: Zu Heines »Ideen. Das Buch Le Grand«; in: Heine-Jb.
1968, S. 3–11.

»Englische Fragmente«

Entstehung: 1827–1830. – *Hs.:* 1 S. im Heine-Archiv, sonst unbekannt.
Erstdruck: 1828 in den ›Neuen allgemeinen politischen Annalen‹;
erweitert in: Nachträge zu den »Reisebildern« (= Tl 4), 1831,
S. 141–315. – vgl. Heine-Bibl. I Nr 750ff.
Literatur: Heine-Bibl. II Nr 2984; ferner: G. WEISS, Heines Eng-
landaufenthalt (1827), in: Heine-Jb. 1963, S. 3–32.

»Reise von München nach Genua«, »Die Bäder von Lucca«

Entstehung: 1828/29. – *Hs.:* Bibl. Nat., Paris; Univ.-Bibl., Leipzig.
Erstdruck: »Reisebilder« Tl 3, 1830.
Literatur: M. KAUFMANN, H. Heine contra Graf A. v. Platen u. die
Homoerotik, 1907; D. ARENDT: Parabolische Dichtung u. politi-
sche Tendenz. Eine Episode aus den »Bädern von Lucca«, in:
Heine-Jb. 1970, S. 41–57.

»Die Stadt Lucca«

Entstehung: 1829/30. – *Hs.:* Bibl. Nat., Paris; Heine-Arch., Düsseldorf.
Erstdruck: Nachträge zu den »Reisebildern« (= Tl 4), 1831, S. 1–140.

Einleitung zu »Kahldorf über den Adel«

Entstehung: 1831. – *Hs.:* Pierpont Morgan Libr., New York.
Erstdruck: 1831 (s. Heine-Bibl. I Nr 586).
Der Verfasser der anonym herausgegebenen Broschüre soll Robert
Wesselhöft, ein früherer Burschenschaftler, gewesen sein, der später
nach Amerika auswanderte.

a) Erste Jahre in Paris (1831–1840)

Im Frühjahr 1831 entschloß sich Heine zur Übersiedlung nach Paris, nach Frankreich, in das Land, wo nicht wie in Deutschland geträumt, d. h. philosophiert, sondern gehandelt wurde (vgl. Einleitung zu »Kahldorf über den Adel«), wo Adel und Pfaffen ihrer Privilegien verlustig gegangen waren, wo die Freiheit des Bürgers, der Presse garantiert war. Ende April 1831 fuhr Heine zunächst nach Frankfurt, dann über Heidelberg, Straßburg nach Paris, wo er in der zweiten Hälfte des Mai eintraf. Diese Übersiedlung nach Paris war zunächst weder eine freiwillige noch gar eine erzwungene Emigration. Vielmehr legte ihm der trotz mancher Kritik große Erfolg seiner »Reisebilder« den Gedanken nahe, nach den kurzen Aufenthalten in England und Italien jetzt auch aus Paris Reisebilder zu bringen, Berichte eines wachen, an allen kulturellen und politischen Fragen Interessierten. Daß dieser Schritt nach Frankreich ein endgültiger sein sollte, daß Heine die letzten 25 Jahre seines Lebens halb freiwillig halb gezwungen dort verbringen sollte, lag zu dieser Zeit gewiß nicht in seiner Absicht.

Der Konflikt mit den deutschen Behörden, der bis zum Verhaftungsbefehl und dauerndem Verbot des Betretens preußischen Bodens führen sollte, setzte eigentlich erst 1835 ein. Heine selbst wiederum konnte nicht voraussehen, daß er sich so schnell und so völlig in das Pariser Leben, die Pariser Gesellschaft, den Pariser Geist einfügen, daß Paris eine zweite Heimat für ihn werden würde. Zweifellos brachte er dafür günstige Voraussetzungen mit. Vor allem beherrschte er die französische Sprache recht gut. Zwar hat er bis zu seinem Tode gewisse sprachliche Nachlässigkeiten in seiner französischen Diktion nicht überwinden können. Er ließ darum die französischen Übertragungen zunächst von Bekannten anfertigen und zog auch bis zum Schluß bei den französischen Texten immer noch Freunde zu Rate. Das erforderte sein dichterisches Gewissen, das letzte sprachliche Präzision und Klarheit erstrebte. Für das Einleben in Paris, in das Leben des Alltags auf der Straße, im Theater, in der Gesellschaft war er nichtsdestoweniger gut gerüstet. Es kommt hinzu, daß er in seiner rheinischen Heimat seit der Schulzeit, die zum großen Teil unter französische Herrschaft fiel, dem französischen Geist, seinem Gedankengut, seinem Esprit weitaus näher stand als dem englischen und italienischen, ja auch näher als viele deutsche Besucher oder Emigranten, die in diesen Jahren nach Paris kamen. Diese innere Verwandtschaft war es wohl auch, die ihn veranlaßte, zu den vielen Deutschen in Paris – in seiner Zeit waren es bis zu 50000 – von vornherein nur lockere Verbindungen aufzunehmen, obwohl doch ein großer Teil von ihnen aus ähnlicher politischer Einstellung freiwillig oder gezwungen nach Paris gekommen war.

Da Heines Name durch seine Bücher schon so bekannt war, blieb es immerhin nicht aus, daß er mit manchen Deutschen, die in Paris lebten oder auf einer Reise dorthin kamen, in Berührung kam. Seine Berliner Bekannten hatten Verbindung zu Deutschen und Franzosen in Paris und wiesen auch junge liberale Schriftsteller an Heine. In der deutschen Buchhandlung Heideloff u. Campe, in den Lesestuben, in den Foyers der Theater, auf den Boulevards wurde Heine eine vielbeachtete Persönlichkeit, deren Bekanntschaft zu machen zum Stil der Parisreisenden gehörte. Fürst PÜCKLER-MUSKAU, ALEXANDER VON HUMBOLDT, der politisierende, schriftstellernde Arzt KOREFF, der Musiker FERDINAND HILLER, die Literaten HERMANN FRANCK, MICHAEL BEER, dessen »Struensee« Heine einige Jahre früher lobend besprochen hatte, AUGUST LEWALD und viele andere traten erneut oder zum erstenmal in diesen ersten Pariser Jahren mit ihm in Verbindung, später auch LAUBE, MENDELSSOHN-BARTHOLDY, WAGNER, LASSALLE, MEISSNER. Mit dem in Paris hochgeschätzten Komponisten MEYERBEER war Heine schon 1821 in Berlin bekannt geworden und wurde nun ein häufiger Gast in dessen Haus. Hier traf er viele der angesehenen französischen Komponisten, Schriftsteller und Politiker. Als er dann nach einigen Jahren einen festen Platz in den französischen Salons erworben hatte, wurde seine Anziehungskraft auf junge deutsche Parisreisende noch stärker.

Schon kurz nach seiner Ankunft wurde Heine in der Zeitung ›Globe‹, dem Blatt der Saint-Simonisten, in Paris begrüßt. Bereits im Hause Varnhagen war er mit dem Gedankengut SAINT-SIMONS und seiner Anhänger in Berührung gekommen und war wie Rahel von ihrer Lehre stark angezogen. Die Saint-Simonisten, eine teils religiös-pantheistische Sekte teils radikale sozialpolitische Partei, forderten eine Neuordnung der sozialen Zustände durch die Aufhebung des Privateigentums und aller ständischen Privilegien sowie die Verteilung des zum Leben notwendigen Lohnes nach der Arbeitsleistung. Gegenüber dem demokratischen Freiheits- und Gleichheitsideal forderten sie eine hierarchische Sozialordnung nach den unterschiedlichen Anlagen und Leistungen des einzelnen. Während Heine den politischen und sozialen Forderungen der Saint-Simonisten ferner stand, wurden die religiös-weltanschaulichen Lehren des Nachfolgers von Saint-Simon, des „père suprême" PROSPER ENFANTIN, mit dem Heine auch in persönliche Beziehung trat, für ihn sehr bedeutsam. Dem Spiritualismus des Christentums – und des Judentums –, seiner Lebens- und Sinnenfeindlichkeit, wurde ein sinnenbejahender Sensualismus gegenübergestellt. Der Trieb zum Genuß sei keine Sünde, sondern sei berechtigter Ausdruck der menschlich-göttlichen Natur des Menschen. So forderten sie eine Reform der Ehe, da es gelte, auch die Frau aus der Unterdrückung durch die überkommene Gesellschaftsordnung zu befreien. Diese Ideen hatten durch Jahre einen starken Einfluß auf Heines Denken und fanden auch bis in die Mitte der 40er Jahre ihren Niederschlag in seinen Werken, besonders in den geschichtsphilosophischen und religionsgeschichtlichen Gedanken der »Geschichte der Religion und Philosophie in Deutschland« und der »Romantischen Schule«. Die Saint-Simonistischen Soireen, an denen Heine mehrfach teilnahm, wurden schon 1832 wegen ihres politischen und moralischen Radikalismus von der Polizei aufgelöst; bei der letzten Sitzung war Heine selbst anwesend.

Als Heine nach Paris kam, waren seine Werke nur wenigen Franzosen bekannt. Doch schon recht bald tauchte sein Name in den französischen Zeitschriften auf. Zunächst erschienen Übersetzungen aus der »Harzreise« und dem »Buch Le Grand« durch den deutsch-französischen Schriftsteller LOEVE VEIMARS und andere in so angesehenen Zeitschriften wie der ›Revue des deux mondes‹, der ›Revue de Paris‹ und der ›Nouvelle Revue germanique‹. 1833 erschienen dann in der neugegründeten und schnell anerkannten ›L'Europe littéraire‹ von ALEXANDER VICTOR BOHAIN neue Aufsätze Heines. Damit hatte er die für das geistige Frankreich so wichtige Verbindung zu bedeutenden Verlegern und Redakteuren wie RENDUEL, BULOZ, BOHAIN und anderen gefunden.

Schon einige Zeit nach seiner Ankunft stand Heine in regem Verkehr mit vielen der bedeutendsten Köpfe des kulturellen Lebens in Paris. Die Schriftsteller BALZAC und VICTOR HUGO, der ältere DUMAS und LAMARTINE, GEORGE SAND und MUSSET, NERVAL, ALFRED DE VIGNY und GAUTIER, die Künstler BERLIOZ, BELLINI, TONY JOHANNOT, später auch CHOPIN und LISZT, die Wissenschaftler MIGNET und MICHELET, die Politiker THIERS und GUIZOT, die Bankiers ROTHSCHILD und FOULD zählten Heine zu ihrem engeren Bekanntenkreis. Mit George Sand nannte er sich „Cousin" und „Cousine". Einen freundschaftlichen Verkehr, der bis zu seinem Tode währte, pflegte er mit CAROLINE JAUBERT, deren Salon damals in Paris sehr beliebt war. Im Hause der italienischen Emigrantin Prinzessin CRISTINA BELGIOJOSO, das den liberalen und künstlerischen Persönlichkeiten von Paris offenstand, verkehrte Heine als ständiger Gast. Im Jahre 1835 lebte er einige Wochen auf ihrem Schloß La Jonchère bei Paris.

Diese schnelle und intensive Verwurzelung Heines inmitten der geistigen Elite des Paris der 30er und 40er Jahre bleibt nach wie vor erstaunlich. Es ist außer ihm wohl kaum einem Deutschen gelungen, sich so fest in die Kreise der französischen Intelligenz einzufügen und auch von ihnen anerkannt zu werden, ohne seine deutsche Eigenart zu verleugnen.

Heine war als *Journalist* nach Paris gegangen. Er wollte das kulturelle, politische und soziale Leben der Franzosen an Ort und Stelle gründlich kennen lernen und darüber nach Deutschland berichten. Selbstverständlich sollten diese Berichte auch ein Spiegel für die Deutschen sein, ihnen aus Frankreich vorgehalten, das in der politischen und sozialen Entwicklung dem Deutschland von 1830 weit voraus war. Die Verbindung mit Cotta und dessen Zeitschriften sicherten ihm die Möglichkeit, in Deutschland gehört zu werden. Die journalistische Grundhaltung seiner »Reisebilder« machten ihn auch stilistisch zum geeigneten Berichterstatter. Die vielseitige Verbindung, die er dann schnell zum Pariser Journalismus fand, gab ihm zusätzlich die Möglichkeit, für Paris als deutscher Berichterstatter zu wirken.

Im Oktober und November 1831 brachte das Cottasche ›Morgenblatt für gebildete Leser‹ Heines Berichte der Pariser Gemäldeausstellung. Zunächst also ein recht neutrales Thema, das Heine aber bei seinem Eingehen auf den Inhalt der in der Hauptsache historischen Gemälde von Horace Vernet, Delacroix, Ary Scheffer u. a. durch manche politischen und sozialen Abschweifungen interessant zu machen verstand. Die Saint-Simonistische Zeitung ›Globe‹ nahm einen Auszug dieser Berichte in ihren Spalten auf. Vom Januar 1832 an erschienen dann in der Augsburger ›Allgemeinen Zeitung‹ Heines Berichte über das politische Leben in Paris, die »Französischen Zustände«. Hier wurde seine Kritik wesentlich deutlicher, sowohl in seiner Polemik gegen die politische Führung Ludwig Philipps und seiner Regierung wie auch in seinen Seitenhieben auf die deutschen Verhältnisse. Ein Schreiben von GENTZ, dem Geheimsekretär Metternichs, an Cotta machten diesen Berichten bald ein Ende. Als Heine 1833 die »Französischen Zustände« geschlossen als Buch herausgeben wollte, schrieb er die Vorrede dazu als Antwort auf die österreichische Intervention gegen seine Berichte besonders aggressiv, so daß die Zensur starke Streichungen für nötig erachtete. Heine ließ daraufhin die Vorrede ungekürzt als Sonderdruck bei Heideloff und Campe in Paris herausbringen. Etwa gleichzeitig erschien die französische Ausgabe dieser Berichte vermehrt um die Berichte über die Pariser Ausstellung als »De la France« bei Eugène Renduel, das erste Werk Heines in französischer Sprache.

Heines Berichterstattung für die Franzosen begann im März 1833 in der Zeitschrift ›L'Europe littéraire‹ mit seinen Artikeln »L'état actuel le da littérature en Allemagne«. Die bald darauf veröffentlichte deutsche Fassung dieser Berichte erschien zunächst unter dem Titel »Zur Geschichte der neueren schönen Literatur in Deutschland«; in der zweiten stark erweiterten Auflage von 1836 nannte Heine das Werk »Romantische Schule«. Über die ursprüngliche Absicht hinaus, damit den französischen Lesern der Zeitschrift einen Einblick in die gegenwärtige literarische Situation in Deutschland zu geben, stellten die in diesem Werk gesammelten Aufsätze eine Auseinandersetzung mit dem Deutschlandbild der MADAME DE STAËL dar. In ihrem Werk »De l'Allemagne« hatte diese das Deutschland der Dichter und Denker der klassisch-romantischen Epoche gezeichnet. Heine kritisierte nun aus einer geistig wie politisch völlig veränderten Situation heraus das literarische Erbe, das seine Generation übernommen hatte.

Für Heine selbst war diese Schrift eine Klärung seines eigenen Standpunktes, eine *Loslösung aus dem romantischen Erbe, dem er bis dahin noch stark verhaftet war*. Nach einem kurzen historischen Rückblick auf die deutsche Literatur seit Ende des Mittelalters setzte er sich in seinen Berichten mit Hilfe des saint-simonistischen Begriffsschemas von Spiritualismus und Sensualismus mit der Klassik – weniger schroff als etwa Börne und Menzel –, dafür aber sehr scharf mit der Romantik, besonders mit den Brüdern Schlegel sowie mit Brentano und Müllner auseinander. Den katholisierenden und altdeutschtümelnden Tendenzen der jüngeren Romantik stellte er seine Hinwendung und die seiner dichtenden Zeitgenossen zu den politischen und weltanschaulichen Ideen der Gegenwart gegenüber. Einige wenige im ganzen kritische Äußerungen über Uhland wirkten auf dessen Anhänger in Württemberg, auf die „schwäbische Schule", trotzdem aufreizend genug und verursachten deren spätere scharfe Angriffe auf Heine.

Im folgenden Jahr trat er wieder mit einem größeren Werk vor die deutsche Öffentlichkeit. Bei Hoffmann und Campe erschien 1834 der erste Band des »Salon«. Darin waren vereinigt die Berichte über die »Französischen Maler«, eine Reihe von Gedichten, die später unter den »Verschiedenen« in die »Neuen Gedichte« aufgenommen wurden und das Fragment »Aus den Memoiren des Herren von Schnabelewopski«. Der Titel »Reisebilder« hätte für diese Sammlung nicht mehr gepaßt. In Paris nannte man „Salon" die jährlichen Ausstellungen moderner Künstler im Louvre, über die Heine im ersten Teil des Bandes auch berichtete. Wie in einer Kunstausstellung Werke verschiedener Künstler und Kunstgattungen zusammengestellt wurden, so vereinigte auch Heine in seinem »Salon« verschiedenartige Werke. Die »Memoiren des Herren von Schnabelewopski «schildern – in gewisser Anlehnung an barocke Schelmenromane etwa »Schelmuffsky« von Christian Reuter – Erlebnisse eines Reisenden von Polen über Hamburg nach Amsterdam und Leiden. Religiöse Auseinandersetzungen des kleinen schwächlichen Juden Simson, des Verfechters des Deismus, mit seinen philosophischen und theologischen Gegnern und sein tödliches Duell für die Existenz eines persönlichen Gottes nehmen darin einen breiten Raum ein. Die in dieses Werk eingewobene Sage vom Fliegenden Holländer gab später RICHARD WAGNER, der Anfang der 40er Jahre in Paris mit Heine in Beziehung trat, den Stoff für seine Oper. Versuche, das Werk fortzusetzen, liegen nicht vor. Das Werk blieb Fragment wie alle Romanansätze Heines. Die Konzentration und Ökonomie zur Durchführung eines geschlossenen Aufbaus eines epischen Werks lagen ihm nicht. Abgesehen vielleicht von »Atta Troll« blieben solche Versuche Fragment oder lösten sich in die lockere Folge eines Reiseberichts ohne Anfang und Ende auf. Man darf darin nicht ein Unvermögen als vielmehr ein eigenes, für Heine bezeichnendes Gestaltungsprinzip sehen.

Im gleichen Jahr 1834 setzte Heine in der Zeitschrift ›Revue des deux mondes‹ zum zweiten großen Bericht über die geistigen Grundlagen Deutschlands für die Franzosen an unter dem Titel »De l'Allemagne depuis Martin Luther«. Auch dieses Werk war, wie schon der Titel andeutete, für Heine eine Auseinandersetzung mit der Schrift »De l'Allemagne« der Madame de Staël aus der Sicht der jüngeren literarischen Generation in

Deutschland. Das neue Werk erschien noch im gleichen Jahr im zweiten Band des »Salon« in deutscher Fassung unter dem Titel »Zur Geschichte der Religion und Philosophie in Deutschland« zusammen mit einem Zyklus von Gedichten, den »Frühlingsliedern«, die Heine schon 1831 in den »Reisebildern« und im ›Morgenblatt für gebildete Stände‹ veröffentlicht hatte. Heine gab hier ergänzend und vertiefend zur »Romantischen Schule« eine religiös weltanschauliche Auseinandersetzung mit dem überkommenen geistigen Erbe, mit der deutschen Philosophie seit dem Ende des Mittelalters. Für ihn selbst neu und für die Folgezeit wichtig wurde seine sozial-politische Neu- und Umdeutung der Kantisch-Hegelischen Philosophie etwa im Sinne der sogenannten Hegelschen Linken.

Inzwischen hatte sich in Deutschland die literarische Wirkungsmöglichkeit für Heine wesentlich verschlechtert. Schon im Herbst 1832 hatten seine Pariser Stimmungsberichte in der ›Allgemeinen Zeitung‹ unter dem Druck METTERNICHS aufhören müssen. Ein entscheidender Schlag gegen die gesamte junge liberale Dichtung wurde im September 1835 durch eine äußerst scharfe Kritik WOLFGANG MENZELS an Karl Gutzkows Roman »Wally die Zweiflerin« in der Literaturbeilage des ›Morgenblattes‹ ausgelöst. Menzel warf Gutzkow religiös-sittliche Zersetzungsabsichten vor und übertrug diese Vorwürfe verallgemeinernd auf eine Reihe junger Schriftsteller. Mit Beschluß des deutschen Bundestages vom 10. Dez. 1835 erfolgte daraufhin ein *Verbot aller bisherigen Schriften des sogenannten „Jungen Deutschland"* im ganzen Gebiet des deutschen Bundes. Namentlich genannt wurden Gutzkow, Laube, Wienbarg, Mundt und an ihrer Spitze Heine. Generell waren damit auch ihre später erscheinenden Werke diesem Verbot unterworfen. Wenn auch das Verbot nie restlos von allen Bundesstaaten durchgeführt wurde, so bewirkte die Maßnahme des Bundestages doch, daß Heine zunächst nicht mehr als Berichterstatter für deutsche Zeitungen wirken konnte und daß der Absatz seiner Bücher stark behindert war. Heine kam dadurch in eine finanziell schwierige Lage, zumal er etwa in der gleichen Zeit mit einer größeren Summe, mit der er für einen Bekannten gebürgt hatte, einspringen mußte und auch sonst mit der kleinen Rente, die er monatlich von seinem Onkel erhielt, und gelegentlichen Tantiemen aus seinen Werken recht leichtsinnig wirtschaftete. So war ihm eine jährliche Pension bis zu 4000 francs aus einem Geheimfonds des französischen Ministerpräsidenten, die ihm THIERS seit 1836 zuwies und die er auch von dessen Nachfolgern bis 1848 wohl ohne Unterbrechung erhielt, eine willkommene Hilfe. Die Vorwürfe, die ihm 1848 nach der Veröffentlichung der Liste der Empfänger gemacht worden sind, er habe sich mit dieser Pension von der französischen Regierung kaufen lassen, sind für jeden, der Heines politische Schriften der 40er Jahre kennt, völlig unbegründet.

In seinen nach dem erwähnten Bundestagsbeschluß von 1835 erschienenen Werken bemühte sich Heine zunächst, möglichst unpolitisch aufzutreten. Im April und Mai 1836 brachte etwa gleichzeitig das Cottasche ›Morgenblatt‹ und in der französischen Fassung die ›Revue des deux mondes‹ die »Florentinischen Nächte«. Wieder verwertete Heine hier in fragmentarischer Novellenform Erinnerungen an seine Reisen in Italien und England. Die Darstellung des Eindrucks von Paganinis Spiel und bitterscharfe Worte gegen die Engländer sind eingewoben in romantische Liebeserlebnisse, die Maximilian am Bett der todkranken Maria erzählt.

Das Bemühen, seine finanzielle Lage etwas zu verbessern, führte Heine dazu, für den 1837 in deutscher Ausgabe mit den Illustrationen von Tony Johannot erscheinenden »Don Quixote« eine längere Einleitung zu schreiben. Neben einigen persönlichen Reminiszenzen an den wechselnden Eindruck, den das Werk zu verschiedenen Zeiten seines Lebens auf ihn gemacht habe, versucht er ganz allgemein die literargeschichtliche Bedeutung und Qualität von CERVANTES' Werk darzulegen. Auch die Arbeit »Shakespeares Mädchen und Frauen«, die Heine 1838 im Auftrag des französischen Verlegers DELLOYE als Begleittext zu einer Reihe von Stichen nach den Dramen SHAKESPEARES schrieb und die eine außerordentliche Kenntnis dieser Dramen bekundet, läßt sich als Fortsetzung seiner literarhistorischen Arbeiten, nun aber auf dem Gebiet der ausländischen Literatur werten. Zusätzlich gaben diese Arbeiten Heine die Möglichkeit, während seines Streites mit seinen politischen und literarischen Gegnern die Unabhängigkeit und Integrität des literarischen Genius herauszustellen.

Ein etwa gleichzeitiger Versuch Heines, in Paris eine deutsche Zeitung herauszugeben, scheiterte daran, daß er diesem Projekt nicht die Sicherheit der Vertriebsmöglichkeit in Deutschland geben konnte. Der Nam Heeine wäre kein Anreiz, sondern eher ein Hinderungsgrund für eine breite Abonnentenzahl in Deutschland gewesen.

Daran war nicht nur der Bundestagsbeschluß von 1835 schuld. Heine war allmählich zum anerkannten Haupt oder wenigstens zum prominentesten Kopf der jungen liberalen deutschen Schriftsteller geworden, die ihn enthusiastisch feierten und auch vielfach nachahmten. Dafür mehrten sich aber auch die Kritiker, die ihn als Verderber der Jugend, als gefährlichen politischen Neuerer und als frivolen Verächter von Thron und Altar ablehnten. Sein Kampf gegen Platen in den »Bädern von Lucca«, seine Kritik an den schwäbischen Dichtern in der»Romantischen Schule«, viele kritische Äußerungen gegen die christlichen Kirchen in der »Geschichte der Religion und Philosophie in Deutschland«, provozierende politische Ansichten besonders in der Vorrede zu den »Französischen Zuständen« und schließlich manche leicht frivolen Gedichte, die im ersten Band des »Salon« erschienen waren, hatten Heine eine Fülle von Kritik aus verschiedenster Richtung eingetragen. Als nun ADALBERT VON CHAMISSO, der Heine aus Berlin her kannte, und der Verleger CHRISTIAN SCHAD 1836 dem neuen Jahrgang des ›Deutschen Musenalmanachs‹ sein Porträt voransetzen wollten, trat der Mitherausgeber GUSTAV SCHWAB ostentativ von der Mitarbeit zurück. Auch der ganze Kreis der schwäbischen Dichter weigerte sich, Beiträge für diesen Band zur Verfügung zu stellen.

Ein solcher Affront gab Heine nun den Anlaß, seine Feder zu schärfen und aus der einige Zeit geübten Reserve herauszutreten. Anfang 1837 gab er den dritten Band des »Salon« heraus. Als Vorwort dazu schrieb er einen sehr scharfen, persönlich gehaltenen Angriff auf WOLFGANG MENZEL: »Über den Denunzianten«, in dem er aber jede politische und religiöse Auseinandersetzung vermied. Seine Absicht, Menzel zu einer Duellforderung zu reizen, erreichte er dabei nicht. Als Antwort darauf schrieb GUSTAV PFIZER anonym einen äußerst kritischen Aufsatz »Heines Schriften und Tendenz«, der Heine wiederum zu seinem »Schwabenspiegel« veranlaßte, der jedoch erst 1839 in Campes neugegründetem ›Jahrbuch der Literatur‹, von der Zensur stark beschnitten, erscheinen konnte.

Im dritten Band des »Salon« hatte Heine die »Florentinischen Nächte« mit den »Elementargeistern«, von denen schon 1835 ein Teil französisch im ersten Band seiner französischen Schriftensammlung »De l'Allemagne« erschienen war, vereinigt. Die Elementargeister, die Elfen, Nixen, Zwerge, personifizierte Naturgeister und pervertierte Gottheiten vorchristlichen Ursprungs, hatten Heine stets stark beschäftigt und ihm viele Motive für seine Dichtungen von frühester Zeit an geboten. Diese Welt der Geister übernahm er wohl von der Romantik, entkleidete sie aber ihres romantischen Märchencharakters, indem er sie als Scheinwelt entlarvte. Den Schluß des Bandes bildete das Lied vom »Tannhäuser«, das wieder später für RICHARD WAGNER den Stoff für seine Oper bilden sollte. In dem Bericht der Weltfahrt des Tannhäuser hatte sich Heine einige Seitenhiebe gegen seine Zeitgenossen nicht versagt, darunter auch gegen die schwäbischen Dichter, deren Besuch sich nicht lohne, wenn man ihren größten, UHLAND, kenne.

Alle diese Schriften, die Heine nach 1835 herausgebracht hatte, auch die »Vertrauten Briefe an August Lewald über die französische Bühne«, die LEWALD 1838 in seiner ›Allgemeinen Theaterrevue‹ veröffentlichte, blieben noch in der literarischen, allgemein kulturellen Sphäre, wenn auch in den Auseinandersetzungen mit den Schwaben die politischen und religiös-weltanschaulichen Gegensätze im Untergrund stark mitschwangen. Der vierte Band des »Salon«, der Anfang 1840 erschien, blieb ebenfalls noch unpolitisch. Neben den Berichten »Über die französische Bühne«, mehreren Gedichten aus den »Verschiedenen« und einigen Romanzen ist das wichtigste Stück dieses Bandes der »Rabbi von Bacherach«. Wie seine anderen erzählerischen Werke, »Schnabelewopski« und »Florentinische Nächte«, gab Heine auch dieses Werk als Torso heraus. Der Rest dieses Werkes, schreibt Heine im Vorwort, sei bei einem Brand im Hause der Mutter vernichtet worden; dagegen spricht, daß das Manuskript des ersten Kapitels in einer Niederschrift aus den Jahren 1823/24 in seinem Nachlaß erhalten ist. An dem »Rabbi« hatte Heine, angeregt durch seine Mitarbeit im ›Verein für Kultur und Wissenschaft der Juden‹, wie wir aus seinen Briefen wissen, von 1824 an gearbeitet. So entstand das erste und vielleicht noch einige Vorarbeiten zu den folgenden Kapiteln aus dem spätmittelalterlichen Leben und Leiden der Juden in Bacharach und Frankfurt. Neue Arbeiten an den »Reisebildern«, die Herausgabe des »Buches der Lieder«, berufliche Sorgen, mancherlei Reisen und schließlich seine Übersiedlung nach Paris hatten den alten Stoff solange beiseite gedrängt. Wichtiger als diese äußeren Gründe war aber wohl sein Abrücken von den Ideen des ›Kulturvereins‹ gewesen. Er hatte seinerzeit das unvollständige Manuskript mit nach Paris genommen in der Hoffnung, es dort vollenden zu können. Jetzt, da ihm daran lag, möglichst schnell wieder einen neuen Band des »Salon« in etwa dem gleichen Umfang wie die früheren Bände zusammenzustellen, griff Heine zu diesen alten Fragmenten und gab sie, um noch zwei Kapitel vermehrt, jetzt als Torso heraus (vgl. Finke).

Inzwischen hatte sich auch in der Lebensführung Heines einiges geändert. 1834 hatte er in einem Pariser Schuhgeschäft eine junge Französin, CRESCENCIA EUGENIE MIRAT, oder wie sie Heine später nannte, MATHILDE, kennengelernt. Sie war ein einfaches, unkompliziertes, hübsches Mädchen, lebenslustig, aber ohne große Kenntnisse oder geistige Fähigkeiten. Der schnell und stark entflammte Heine nahm sie bald zu sich. Er versuchte ihr das in seinen Gesellschaftskreisen nötige Auftreten und manche noch fehlende Kenntnisse zu vermitteln, indem er sie für einige Zeit in eine Pension in der Nähe von Fontainebleau gab. Launenhaftigkeit von ihrer, Eifersuchtsausbrüche von seiner Seite führten zwischendurch zu längeren Trennungen. Vielleicht war sich Heine auch der Gefahr einer Bindung an eine Frau bewußt, die ihm geistig nie etwas geben konnte, die ihn und seine Gedankenwelt nie verstand, ja sogar die deutsche Sprache nie erlernen konnte. Doch seine leidenschaftliche Liebe und ein gewisses Pflichtgefühl ihr gegenüber führten 1836 zu einer endgültigen Bindung an sie. Im August 1841, vor dem Duell mit SALOMON STRAUSS, ließ er sich mit ihr standesamtlich und auch kirchlich, nach dem Bekenntnis seiner Frau katholisch, in der Kirche St. Sulpice trauen. Ein Grund zur *Heirat* lag für ihn wohl auch in dem aus seinem labilen Gesundheitszustand erwachsenen Bedürfnis nach einer festen Häuslichkeit.

Eine körperliche Anfälligkeit hatte Heine als Erbteil seines Vaters mitbekommen. In Heines Briefen und in Berichten seiner Bekannten hören wir schon aus seinen ersten Studienjahren von den Kopfschmerzen, vielleicht Migräneanfällen, die ihn immer wieder heimsuchten. Seit Mitte der 30er Jahre werden seine Klagen stärker, besonders über eine beginnende Augenschwäche. Die Angaben der verschiedenen Symptome seiner immer schwerer werdenden Krankheit lassen auf eine Erkrankung des zentralen Nervensystems schließen, die möglicherweise in einer frühen venerischen Ansteckung ihre Ursache hatte (vgl. Stern, dagegen aber Kolle).

Die beginnende Krankheit, dazu seine Verbindung mit Mathilde, die in die Kreise, mit denen er bisher verkehrte, nicht hineinpaßte, führten zu einer allmählichen Isolierung des Dichters in Paris. Eine Radikalisierung in Heines Denken, Reden und Schreiben seit Anfang der 40er Jahre wird diese Entwicklung begünstigt haben, zumal eine allzu starke politische Aktivi-

tät und Radikalität der zu dieser Zeit in Frankreich geistig
führenden Schicht nicht lag.

Erste Anzeichen dieser neuen Haltung Heines zeigte sich in
seiner Auseinandersetzung mit BÖRNE und dessen Anhängern
in seiner Schrift »Heinrich Heine über Ludwig Börne« – nach
einem von Campe gewählten Titel –, geschrieben 1839, aber
erst im Sommer 1840 erschienen. Heine hatte Börne nach früheren Besuchen in Frankfurt in Paris 1831 wiedergetroffen und
zunächst noch mit ihm Kontakt behalten. Bald aber zog er sich
von dem Kreis um Börne zurück. Die doktrinäre Art Börnes
und seiner Anhänger unter den deutschen Emigranten in Paris,
dazu deren offene und versteckte Kritik an Heines politischer
Meinung, besonders seiner Einstellung zur französischen Regierung Louis Philipps, seinem Eintreten für die Saint-Simonisten und deren Forderung nach Emanzipation des Fleisches,
an seiner lebensfrohen, leichtlebigen Haltung, der Vielseitig-
keit seiner Interessen hatten die Trennung beschleunigt. Man
warf Heine Abtrünnigkeit vom demokratischen Ideal, Sitten-
losigkeit, Opportunismus vor. In der Folge wurde diese Kritik
auch unter den Liberalen in Deutschland vernehmlich. Besonders Gutzkow und seine Zeitschrift ›Der Telegraph‹ machten sich zu Wortführern dieser Kritik an Heine im Sinne Börnes. Nach einer lebhaften, versteckt und offen geführten Presse-
fehde, die sich an Heines »Schwabenspiegel« und seinem offe-
nen Brief an Julius Campe »Schriftstellernöte« entzündete,
schrieb Heine 1839 sein Buch über Börne zunächst als Rechtfertigung gegenüber den Anwürfen, die er aus den liberalen
Kreisen immer wieder hören mußte. Er wies darauf hin, daß
Börnes Ansichten zwar ehrenwert, aber unrealistisch gewesen
und darum auch wirkungslos geblieben seien. Im Grunde war
es seine große Rechtfertigung als Dichter gegenüber dem politischen und weltanschaulichen Rigorismus des Republikaners
Börne und damit auch die Bekundung seines Rechtes, seinen
eigenen Weg in der politisch-weltanschaulichen Auseinandersetzung zu gehen. Anzügliche Bemerkungen über Börnes Verhältnis zu JEANETTE STRAUSS führten im August 1841 zu einem
Pistolenduell mit deren Mann, das aber ohne ernste Folgen
blieb. Mit der glänzend formulierten Schrift gegen Börne
machte sich Heine noch mehr als zehn Jahre vorher mit seinem
Angriff gegen Platen gerade die Kreise zu Feinden, die ihn bisher noch anerkannt hatten. Eine solche scharfe Auseinandersetzung mit dem Heros der liberalen republikanischen Kreise, ja
dessen persönliche Verunglimpfung trugen ihm schwere Vor-

würfe der Gesinnungslosigkeit, der Treulosigkeit seinen früheren Idealen und Freunden gegenüber ein. Viele der Jungdeutschen, GUTZKOW an der Spitze und ein großer Teil der deutschen Emigranten in Paris wandten sich nun schroff von Heine ab.

Zur Biographie:

HIRTH, FR.: Heine u. seine französ. Freunde, 1949.
DRESCH, J.: Heine à Paris 1831–1856, 1956.
CLARKE, M.: Heine et la monarchie de juillet, Etude crit. sur les »Französische Zustände«, 1927.
BUTLER, E. M.: The Saint-Simonian religion in Germany, 1926.
SCHERER, W.: Heine u. der Saint-Simonismus, Diss. Bonn 1950.
IGGERS, G.: Heine and the Saint-Simonians, in: Compar. Literature 10, 1958, S. 289–308.
GALLEY, E.: Heine im literar. Streit mit Gutzkow, in: Heine-Jb. 1966, S. 3–40.
DRESCH, J.: Heine et Cousin, in: Etudes Germ. 11, 1956, S. 122–132.
RINSLER, N.: Gerard de Nerval et Heine, in: Revue de litt. compar. 33, 1959, S. 94–102.
HESSMAN, P.: Heine u. Nerval, in: Studia Germ. Gandensia 5, 1963, S. 185–206.
BIANQUIS, G.: Heine et George Sand, in: Etudes Germ. 11, 1956, S. 114–121.
BECKER, H.: Der Fall Heine-Meyerbeer, 1958.

»Französische Zustände«

Entstehung: 1831/32. – *Hss.:* Vorreden: Heine-Arch. Düsseldorf u. Bibl. Nat. Paris. – weitere Hss. unbekannt.
Erstdruck: ›Allgem. Ztg‹, Dez. 1831–Sept. 1832; als Buch 1833 bei Hoffmann u. Campe in Hamburg; französ. Übersetzung (zusammen mit anderen Texten) 1833 u. d. T. »De la France« bei Eugène Renduel in Paris. – vgl. Heine-Bibl. I Nr 581 f.
Literatur: Heine-Bibl. II Nr 3208–3215; ferner: M. CLARKE, s. o.; W. WADEPUHL, Heines »Vorrede zu den französischen Zuständen«, in: W. W., Heine-Studien, 1956, S. 97–108.

»Salon« Bd 1–4

Erstdrucke: 1834–1840; s. Einzeltitel.
Literatur: Heine-Bibl. II Nr 3167–3180.

»Französische Maler«

Entstehung: 1831; Nachtrag; 1833. – *Hs.:* unbekannt.
Erstdruck: ›Morgenblatt‹ 1831, Okt.-Nov.,; »Salon« Bd 1, 1834, S. 1 bis 142.

Literatur: E. GIRNDT: Heines Kunstbegriff in »Französ. Maler« von 1831, in Heine-Jb. 1970, S. 70–86.

»Aus den Memoiren des Herren von Schnabelewopski«

Entstehung: 1831–1832. – *Hs.:* unbekannt.
Erstdruck: »Salon« Bd 1, 1834, S. 205–328. – Heine-Bibl. I Nr 515 bis 522.
Literatur: Heine-Bibl. II Nr 3082–3085; M. WINDFUHR, Heines Fragment e. Schelmenromans, »Aus den Memoiren des Herren von Schnabelewopski«, in: Heine-Jb. 1967, S. 21–39; G. KALFF, De sage van den vliegenden Hollander, 1923.

»Zur Geschichte der Religion und Philosophie in Deutschland«

Entstehung: 1834. – *Hss.:* Heine-Archiv Düsseldorf u. Goethe-Schiller-Archiv in Weimar.
Erstdrucke: a) französ. u. d. T. »De l'Allemagne depuis Martin Luther« in: ›Revue des deux mondes‹, 1834 und in »De l'Allemagne« V. 1, 1835 bei Eugène Renduel in Paris; b) dt. in: »Salon« Bd 2, 1835, S. 1–284.
Literatur: Heine-Bibl. II Nr 3003 ff.; ferner: A. MONCHOUX, L'Allemagne devant les lettres françaises de 1814 á 1835, 1953 (S. 387 bis 394: L'Allemagne de Heine); W. HARICH, Heine u. das Schulgeheimnis der dt. Philosophie, in: Sinn u. Form 8, 1956, S. 27–59; W. WIELAND, H. Heine u. d. Philosophie, in: DVjs. 37, 1963, S. 232–248.

»Die romantische Schule«

Entstehung: 1832–1835. – *Hss.:* Heine-Archiv, Düsseldorf; Biblioth. Nat., Paris; Slg Bodmer, Cologny; Herzog-August-Bibl., Wolfenbüttel.
Erstdrucke: Teildruck: a) französ. u. d. T. »État actuel de la littérature en Allemagne« in: ›L'Europe littéraire‹, 1833, 1. III.–24. V.; als Buch in »De l'Allemagne« 1835 bei Eugène Renduel in Paris; b) dt. u. d. T. »Zur Geschichte der neueren schönen Literatur in Deutschland«, 1833 bei Heideloff u. Campe in Paris u. Leipzig. Vollständig u. d. T. »Die romantische Schule« 1836 bei Hoffmann u. Campe in Hamburg. – vgl. Heine-Bibl. I Nr 443 f., 571 ff.
Literatur: Heine-Bibl. II Nr 3003 ff.; bes.: H. HÜFFER, Das älteste Manuskript von Heines »Romantischer Schule«, in: H.H., Heine, 1906, S. 180–190; E. GALLEY: Der »Neunte Artikel« von Heines Werk »Zur Geschichte der neueren schönen Literatur in Deutschland«. Eine ungedruckte Vorarbeit zur »Romantischen Schule«, in: Heine-Jb. 1964 S. 17–36.

»Über den Denunzianten«

Entstehung: 1837. – *Hs.:* unbekannt.
Erstdruck: Vorrede zu »Salon«, Bd 3, 1837; gleichzeitig auch als

Sonderdruck 1837 bei Hoffmann u. Campe in Hamburg.

Literatur: Heine-Bibl. II Nr 2940–2943; bes.: C. COLDITZ, »Über den Denunzianten«, in: Modern Language Quarterly 6, 1945, S. 131 bis 147.

»*Florentinische Nächte*«

Entstehung: 1835/36. – *Hss.:* Heine-Arch. Düsseld.; Bibl. Nat., Paris. Privatbes. U.S.A.

Erstdrucke: dt. in: Morgenblatt, 1836, Nr 83–92, 114–125; französ. in: Revue des deux mondes; »Salon«, Bd 3, 1837, S. 1–144. – Heine-Bibl. I Nr 523–532.

Literatur: Heine-Bibl. II Nr 3086–3091; ferner: W. WADEPUHL, Eine unveröffentlichte Episode aus Heines »Florentinischen Nächten«, in: W. W., Heine-Studien, 1956, S. 109–113.

»*Elementargeister*«

Entstehung: 1835/36. – *Hss.:* Heine-Arch. Düss.; Bibl. Nat., Paris.

Erstdrucke: französ. Teildruck in »De l'Allemagne«, Vol. 2, 1835; dt. in »Salon«, Bd 3, 1837, S. 145–279.

Literatur: Heine-Bibl. II Nr 2966.

Einleitung zum »*Don Quixote*«

Entstehung: 1837. – *Hs.:* Heine-Archiv.

Erstdruck: Verlag der Classiker, Stuttgart 1837.

Literatur: Heine-Bibl. II Nr 2580f., 2862ff.; F. MENDE, Heines »Einleitung zum Don Quixote«, in: Heine-Jb. 1967, S. 48–66.

»*Der Schwabenspiegel*«

Entstehung: 1838. – *Hs.:* 3 S. im Heine-Archiv.

Erstdruck: Jb. der Literatur 1839, S. 335–392.

Literatur: Heine-Bibl. II Nr 3192–3197; bes.: H. H. HOUBEN, Heines »Schwabenspiegel« u. das ›Jb. der Litteratur‹, in: Houben, Jungdeutscher Sturm u. Drang, 1911, S. 139–174; vgl. dazu E. GALLEY, Heine im literar. Streit mit Gutzkow, in: Heine-Jb. 1966, S. 3–40.

»*Shakespeares Mädchen und Frauen*«

Entstehung: 1838. – *Hs.:* 12 S. im Heine-Archiv.

Erstdruck: 1839 bei Brockhaus & Avenarius in Leipzig u. Paris. – vgl. Heine-Bibl. I Nr 504–506.

Literatur: Heine-Bibl. II Nr 2560–2564, 3062–3064; bes.: G. v. RÜDIGER, Die Zitate in »Shakespeares Mädchen u. Frauen« von Heine, in: Euphorion 19, 1912, S. 290–297; vgl. dazu: Heine-Jb. 1962, S. 100.

»*Der Rabbi von Bacherach*«

Entstehung: 1824–1826, 1840. – *Hss.:* Heine-Arch. Düsseld.; Bibl. Nat. Paris.

Erstdruck: »Salon«, Bd 4, 1840, S. 1–109. – Heine-Bibl. I Nr 540–548.
Literatur: Heine-Bibl. II Nr 3101–3108; bes.: L. FEUCHTWANGER, Heines »Rabbi von Bacherach«, Eine kritische Studie, 1907; E. LOEWENTHAL, Heines Fragment »Der Rabbi von Bacherach«, In: Der Morgen 1936, S. 168–175; dass., in: Heine-Jb. 1964, S. 3 bis 16; D. LASHER-SCHLITT, Heine's unresolved Conflict and »Der Rabbi von Bacherach«, in: Germanic Review 27, 1952, S. 173–187. J. L. SAMMONS, Heine's Rabbi von Bacherach: The unresolved Tensions, in: Germ. Quart., 37, 1964, S. 26–38; F. FINKE; Zur Datierung des »Rabbi von Bacherach«, in: Heine-Jb. 1965, S. 26 bis 32.

»*Über die französische Bühne.* Vertraute Briefe an August Lewald«

Entstehung: 1837. – *Hs.:* unbekannt.
Erstdruck: a) deutsch: ›Allgem. Theaterrevue‹ Jg 3, 1838; »Salon«, Bd 4, 1840, S. 151–342; b) franzöz. in: ›Revue du XIX. siècle‹ 5, 1838; »De la France«, Vol. 2, 1857, S. 236–323.
Literatur: Heine-Bibl. II Nr 2939.

»*Über Ludwig Börne*«

Entstehung: 1839. – *Hss.:* Bibl. Nat., Paris; Heine-Arch. Düsseld., dort auch franz. Übersetz.
Erstdruck: 1840 bei Hoffmann u. Campe in Hamburg.
Literatur: Heine-Bibl. II Nr 1442–1475, 2894–2902; bes.: LUDWIG BÖRNES Urteil über Heine, Ungedruckte Stellen aus den Pariser Briefen, 1840; L. GEIGER. Zu Heines Schrift über Börne, in: L. G., Das junge Deutschland, 1907, S. 1–37; P. SANTKIN, Börnes Einfluß auf Heine, 1913; FR. HIRTH, Heine u. Börne, in: F. H. Heinr. Heine, Bausteine, 1950, S. 25–43; B. OTT, La Querelle de Börne et de Heine, Lyon 1935; P. LANGFELDER, Bemerkungen zum Buch Heines »Ludwig Börne«, in: Neue Literatur (Temesvar) 7, 1956, S. 105–111.

b) *Jahre des politischen Kampfes (1840–1847)*

Kurz vor der Herausgabe der Kampfschrift gegen Börne im Februar 1840 hatte Heine wieder mit seinen Berichten aus Paris für die ›Allgemeine Zeitung‹ begonnen. Eine inzwischen eingetretene Milderung der Beschlagnahme- und Zensurmaßnahmen gegen Heines Schriften ließ erwarten, daß die Berichte keine Schwierigkeiten von der Zensur zu gewärtigen hätten. So erschienen sie vom Februar 1840 bis ins Jahr 1843 ziemlich regelmäßig, später nur noch vereinzelt. Wenn Heine darin auch hin und wieder kulturelle Begebenheiten aus dem Pariser Leben

erörterte, besonders Ereignisse aus dem Konzert- und Theater-
leben, aber auch Vorträge in der französischen Akademie, so
standen doch die politischen Fragen, die Persönlichkeiten des
politischen Lebens, Parlamentsdebatten und dergleichen im
Mittelpunkt seines Interesses. Mit beträchtlichem Freimut, mit
großer Unabhängigkeit und Schärfe des Blicks, unbelastet von
Rücksichten, etwa gegenüber der französischen Regierung, von
der er doch eine Pension erhielt, verfaßte Heine diese Berichte,
seine Kritik am Geschehen. 1854 gab Heine diese Berichte geschlossen, allerdings zum Teil stark verändert, redigiert, gekürzt, aber auch mit längeren Zusätzen unter dem Titel »Lutezia. Berichte über Politik, Kunst und Volksleben« heraus. Für
die Beurteilung dieser zeitkritischen Äußerungen Heines ist es
stets wichtig, auf die Unterschiede der beiden aus gänzlich verschiedener Situation entstandenen Fassungen zu achten (vgl.
M. Mann »Heine-Handschriften...«, s. u. S. 60).

Diese Arbeit hatte Heine wieder in einen engen Kontakt mit
den politischen Tagesfragen gebracht. Seine Bekanntschaft mit
den sozialreformerischen Ideen der Saint-Simonisten, aber auch
mit den sozialrevolutionierenden Plänen von Fourier, Prudhon
und Louis Blanc hatten schon vor seiner Bekanntschaft mit
KARL MARX, die erst Ende 1843 stattfand, zu einer Verschärfung seiner politischen Ansichten geführt. Seine eigenen Erfahrungen mit dem deutschen Bundestag 1835 werden ihren
Teil dazu beigetragen haben. Das zeigte sich nun in »Atta
Troll. Ein Sommernachtstraum«. Das Werk erschien im Frühjahr 1843 in Laubes ›Zeitschrift für die elegante Welt‹. 1846
erfolgte ein selbständiger Neudruck, aber mit starken Verän-
derungen und Umstellungen. Heine hatte das Epos nach einer
Erholungsreise geschrieben, die er 1841 wegen seines schlech-
ten Gesundheitszustandes in das Pyrenäenbad Cauterets unter-
nommen hatte. Das Erlebnis der Flucht eines Zirkusbären in
die Pyrenäen bot den äußeren Anlaß. Die Jagd auf den ent-
laufenen Bären, der seinen Zorn und seine Verachtung den
Menschen gegenüber auf seine Kinder überträgt, ist der Inhalt.
In diesem Epos vom Tendenzbären bringt Heine seine satirischen Schläge gegen seine Zeitgenossen an, gegen die deutsche
Tendenzpoesie eines FREILIGRATH und HERWEGH, gegen die
deutschtümelnden Schwabendichter, aber nun auch gegen die
politisch Radikalen in der Art Börnes, wie auch die Saint-
Simonisten, die die Abschaffung des Eigentums propagierten.
Seine eigene politische Ansicht verbarg Heine in diesem „letz-
ten freien Waldlied der Romantik", wie er es selbst nannte, hin-

ter Ironie und Spott, die er nach allen Seiten verteilte. Letztlich war es gerade damit ein Bekenntnis zur Freiheit des Dichters von aller politischen wie weltanschaulichen parteilichen Bevormundung, die er kurz vorher schon in seinem Börnebuch vertreten hatte.

Im Mai 1843 war durch einen Brand ein großer Teil der Innenstadt von *Hamburg* zerstört worden, darunter auch die Wohnung seiner Mutter. Das war für Heine der letzte Anstoß, nach 13 Jahren endlich wieder nach Deutschland zu reisen. Im Oktober 1843 fuhr er allein über Amsterdam und Bremen nach Hamburg. Er blieb mehrere Wochen im Kreis seiner Familie, sehr freundlich auch mit seinem altgewordenen Onkel Salomon verkehrend. Mit JULIUS CAMPE machte er nach langem Verhandeln einen Verlagsvertrag über alle seine bisherigen und künftigen Werke gegen eine Jahresrente, die nach seinem Tode auch seiner Frau weitergezahlt werden sollte. Er fuhr dann Anfang Dezember über Hannover und Köln wieder nach *Paris* zurück. Schon auf der Rückreise begann er mit seinem Reisebericht in Versen »Deutschland. Ein Wintermärchen«, den er dann in den nächsten Monaten in Paris beendete.

Inzwischen hatte Heine bald nach seiner Rückkehr aus Hamburg durch Vermittlung des liberalen Schriftstellers ARNOLD RUGE, den er schon seit einigen Jahren kannte, den damals 25 jährigen KARL MARX kennengelernt. Dieser war nach dem Verbot der ›Rheinischen Zeitung‹ in Köln, deren Hauptredakteur er gewesen war, nach Paris gegangen, dem Sammelpunkt der politischen Emigranten. Das Verhältnis zwischen Heine und Marx wurde bald recht freundschaftlich. Ob und wieweit allerdings eine Beeinflussung Heines durch Marx stattgefunden hat, ist umstritten. Auf jeden Fall bewirkte das häufige Zusammensein mit Karl Marx und dessen Freunden bei Heine eine verstärkte politische Aggressivität, wie sie sich in einigen Gedichten dieser Zeit, z. B. dem Weberlied, den »Lobgesängen auf König Ludwig« und besonders im Epos »Deutschland. Ein Wintermärchen« zeigte. In diesem Werk werden die Gegner nicht mehr im dichterischen Bild, in ironischer Verschleierung, wie in »Atta Troll«, sondern direkt und mit deutlicher Schärfe attackiert. Die Beschreibung der Reise von Paris über Aachen, Köln, Minden, Hannover nach Hamburg – also umgekehrt wie er sie gemacht hatte – gibt Heine immer wieder Anlaß, romantische Traum- und Sagengestalten – Gespräche mit dem Vater Rhein, mit dem König Rotbart im Kyffhäuser und in den letzten Kapiteln mit Hamburgs Stadtgöttin Hammonia – in das

Geschehen einzuweben. Der scharf politisch-satirische Inhalt des Epos, aber auch die lockere Form seiner Strophen mit ihren oft kühnen Reimen macht dieses Werk zu einer der bedeutendsten deutschen politischen Dichtungen, viel gerühmt, aber auch viel gescholten.

ARNOLD RUGE hatte schon vor Heines Rückkehr aus Hamburg gemeinsam mit Marx mit der Herausgabe der ›Deutschfranzösischen Jahrbücher‹ begonnen. Heine beteiligte sich nun daran mit den »Lobgesängen auf König Ludwig«. Nachdem die Zeitschrift Ende 1843 durch Abonnentenschwund und Zwistigkeiten unter den Herausgebern eingegangen war, entstand dafür eine neue deutsche Zeitung in Paris: der ›Vorwärts. Pariser Signale aus Kunst, Wissenschaft, Theater, Musik, Literatur und geselligem Leben‹, geleitet von HEINRICH BÖRNSTEIN und LUDWIG BERNAYS. In ihr erschienen neue scharfe Aufsätze von Marx und auch eine Reihe besonders aggressiver Gedichte Heines, darunter der »Herr Alexander«, gegen Friedrich Wilhelm IV. gerichtet, sowie »Unsere Marine« und das »Weberlied«. Hier veröffentlichte Heine auch einige Kapitel des »Wintermärchens« im Vorabdruck, kurz vor der Hamburger Drucklegung der »Neuen Gedichte«.

Die Angriffe der ›Deutsch-französischen Jahrbücher‹ und des ›Vorwärts‹ gegen die politischen Mächte in Deutschland, besonders in Preußen und Bayern, führten schließlich zu einem diplomatischen Ersuchen von seiten der preußischen Regierung an König Louis Philipp, gegen ein Blatt einzuschreiten, das fortwährend das Ansehen der deutschen Fürsten und Regierungen untergrabe. Die französische Regierung verbot darauf im Januar 1845 den ›Vorwärts‹ und wies die Redakteure und Mitarbeiter Börnstein, Bernays, Marx und Ruge aus Frankreich aus. Heine, dessen Gedichte wohl viel zu dem preußischen Schritt beigetragen hatten, wurde nicht von dem Landesverweis betroffen, vielleicht auf Grund der persönlichen Beziehungen Heines zu maßgeblichen Politikern, juristisch gesehen vielleicht, weil er nicht verantwortlicher Redakteur einer der beiden Zeitschriften gewesen war, sondern nur gelegentlicher Mitarbeiter, und schließlich wohl auch, weil er in der Zeit der französischen Herrschaft im Rheinland geboren war und damit offiziell die französische Staatsbürgerschaft besaß. Die persönliche Verbindung Heines mit MARX wurde damit für immer unterbrochen. Ein paar Briefe zwar wurden noch gewechselt, einige Anhänger von Marx, Ewerbeck, Weerth und andere, einige Male auch Engels, suchten zum Teil im Auftrage von

Marx Heine in Paris auf. Ein engerer Kontakt wurde nicht aufrechterhalten; eine direkte Begegnung beider kam nicht mehr zustande. Neue Erlebnisse und Eindrücke wurden in Heine allmählich stärker. Besonders die Beschwernisse der wachsenden Krankheit ließen andere Gedanken, der zeitliche Abstand eine andere Beurteilung der politischen und menschlichen Verhältnisse zum Durchbruch gelangen.

Um diese Zeit beabsichtigte Heine, wie wir aus manchen Briefäußerungen von ihm wissen, in einer Art Fortsetzung der »Romantischen Schule« eine Auseinandersetzung mit den zeitgenössischen literarischen und weltanschaulichen Strömungen in Deutschland zu schreiben. Darin wollte er auch Darstellungen der Persönlichkeiten geben, mit denen er zusammengetroffen war. Eine direkte Anregung dazu erhielt er von einigen Aufsätzen der Gräfin d'Agoult, der langjährigen Freundin Liszts, über Bettina von Arnim, Herwegh, Freiligrath und auch sich selbst. Doch ist die Arbeit, an der er im Jahre 1844 schrieb, nicht über größere Entwürfe hinausgekommen, da ihn andere Arbeiten und brennendere Probleme wohl zu stark in Anspruch genommen hatten. Einen Teil dieser Entwürfe hat Heine später in die »Geständnisse« eingearbeitet. Ein anderer ist 1869 von Strodtmann unter dem Titel »Briefe über Deutschland« herausgegeben worden.

Im Sommer 1844 war Heine ein zweites Mal nach *Hamburg* gefahren, diesmal mit seiner Frau Mathilde, die sich jedoch in Hamburg in der Familie nicht einleben konnte und bald allein nach Paris zurückkehrte. In diesen Wochen setzte Heine bei Campe ein Beschleunigung der Drucklegung seiner »Neuen Gedichte« durch, die dann im Spätherbst erschienen. In dieser Sammlung vereinigte er die Gedichte, die er in den siebzehn Jahren seit Erscheinen des »Buches der Lieder« in den Bänden des »Salon« und in verschiedenen Zeitschriften veröffentlicht hatte. Um dem Werk keine zu großen Schwierigkeiten zu bereiten, ließ er die aggressivsten Gedichte, z. B. aus dem ›Vorwärts‹, aus, brachte aber dafür zum Schluß das Epos »Deutschland. Ein Wintermärchen«, um dem Band die für eine Zensurfreiheit nötige Bogenzahl zu verschaffen. Gleichzeitig erschien aber noch bei Campe ein Einzeldruck des Epos. Die Kritik stürzte sich natürlich besonders auf das noch unbekannte »Wintermärchen«, das ihr wie kaum ein früheres Werk Material gegen den Dichter bot. Selbst die Form, die oft bewußt holprigen Verse, die gewagten Reime, deren witzige Absichtlichkeit oft übersehen wurde, fand schärfste Kritiker. So schrieb

z. B. Oswald Marbach in den ›Wöchentlichen Literatur- u. Kunstberichten‹: „Der Leser wird überrascht sein, durch die poetische Impotenz, in welche Heinrich Heine versunken ist... Stünde nicht der Name Heinrich Heine und die Firma Hoffmann und Campe auf der Stirne des Buchs, der Kritiker würde kein Wort über ein so elendes Machwerk verlieren, sondern es auf den ersten besten Kehrichthaufen werfen, wohin es gehört."

Im Dezember 1844, zwei Monate nach Heines Rückkehr nach Paris, starb in Hamburg Salomon Heine. Der Tod des Onkels wurde für Heine unerwartet ein verhängnisvoller Schlag. Im Testament war für den Neffen nur ein einmaliges Legat in der Höhe von zwei Raten der jährlichen Zuwendungen, die Heine bisher von seinem Onkel erhalten hatte, ausgesetzt. Heines berechtigte Hoffnungen, auch weiterhin aus der sehr reichen Erbschaft mindestens die bisherige Rente bis zu seinem Tode zu erhalten, waren enttäuscht. Der Haupterbe, der Vetter Carl, ließ sich zunächst auf keine Änderungen zugunsten Heines ein. Ein jahrelanges zähes Ringen begann, in das sich auch bekannte Freunde Heines: Meyerbeer, Varnhagen von Ense, Lassalle u. a. einschalteten.

Dieses Sorgen und Kämpfen für die eigene und besonders für die Sicherstellung seiner in Gelddingen so unerfahrenen Frau verursachte eine plötzliche Verschlimmerung der Augenerkrankung und der Lähmungserscheinung an den Gliedern. Im Herbst 1846 wurde schon in einigen Zeitschriften das Gerücht verbreitet, Heine sei gestorben. Jetzt erst fand sich Carl Heine zu dem Zugeständnis bereit, Heine das alte Jahresgehalt weiterzuzahlen. Allerdings mußte dieser versprechen, in seinen zukünftigen Werken keine abfälligen Bemerkungen über irgendein Familienmitglied zu veröffentlichen. Die vielleicht subjektiv berechtigte Angst vor Heines Memoiren, an denen er, wie die Familie wußte, arbeitete, belasteten die gegenseitigen Beziehungen. So mußte sich Heine wohl oder übel einer Familienzensur unterwerfen, da er aus seinen schriftstellerischen Einnahmen die durch seine Krankheit immer mehr ansteigenden Lebenshaltungskosten nicht bestreiten konnte.

In dieser Zeit trat der Direktor des königlichen Theaters in London, Benjamin Lumley, mit Heine in Verbindung und erbat von ihm Textbücher für Ballettaufführungen. Solche Ballette in den Opernhäusern waren große Mode geworden. Die Anregung, die das bekannteste französische Ballett »Gisèle« (1841) aus Heines »Elementargeistern« genommen hatte, wo er von den „Willis" erzählt, den vor der Hochzeit gestorbenen

Bräuten, die in ihrer Tanzlust jeden jungen Mann, dem sie begegneten, zum Tanz zwingen, bis er tot zu Boden fällt, empfahlen Heine für einen solchen Auftrag. In kurzer Zeit schrieb Heine für Lumley 1846 das Tanzpoem »Göttin Diana« und 1847 »Doktor Faust«. Die Verbindung der Menschen mit der Welt antiker Götter, mittelalterlicher Teufel und Gestalten der Volkssage, das waren Gedanken, die Heine immer gefesselt hatten. Auch der Fauststoff hatte ihn schon in seiner Jugend beschäftigt, wie es aus der Zeit seiner Begegnung mit Goethe berichtet wird. Er verschaffte sich Literatur zum Faustthema, die z. T. noch in seiner Bibliothek vorhanden ist. Nach den Berichten seines Göttinger Studienfreundes Wedekind hatte er schon damals in Opposition zum Goetheschen Faust den stärkeren Akzent auf die Gestalt des Mephistopheles legen wollen.

Der Londoner Theaterdirektor zahlte wohl das vereinbarte Honorar. Aber zur Aufführung in London kam es nicht. Die besonderen Gründe sind unbekannt. »Die Göttin Diana« ist auch später nicht zu Ballettaufführungen benutzt worden. Anders »Doktor Faust«. Die Verwandlung des Mephistopheles in eine Mephistophela übernahmen manche späteren Ballettlibrettisten wie z. B. PAUL TAGLIONI in seiner »Satanella« aus dem Jahre 1852, gegen die Heine vergeblich Ansprüche geltend machte. Doch erst nach Heines Tod, im März 1856, wurde in Hamburg eine umgearbeitete Fassung des »Doktor Faust« aufgeführt. Es kam allerdings auch nur zu zwei Aufführungen. In neuester Zeit errang eine moderne Bearbeitung des Heineschen »Faust«, der »Abraxas« von WERNER EGK (1948), großen Erfolg.

Zur Biographie:

WEIGAND, H. J.: Heine's Family feud, The culmination of his struggle for economic security, in: Journal of Engl. and Germ. Philol. 21, 1922, S. 70–106.

EISNER, H.: Verschollene Briefe an Heine (von Salomon, Carl u. Cécile Heine), in: Heine-Jb. 1966, S. 68–89.

HIRTH, FR.: Heine u. Karl Marx, in: F. H., Bausteine, 1950, S. 117 bis 131.

VICTOR, W.: Marx u. Heine, 1951.

DEMETZ, P.: Marx, Engels u. die Dichter, 1959 (Heine: S. 106–114).

»*Atta Troll.* Ein Sommernachtstraum«

Entstehung: 1842, 1846. – *Hss.:* Heine-Arch. Düsseld.; Biblioth. Nat. Paris; ehem. Slg. Benjamin, New York.

Erstdruck: ›Ztg für die elegante Welt‹, 1843, Nr 1–10; als Buch 1847 bei Giese in Hamburg. – Vgl. Heine-Bibl. I Nr 324–329.
Literatur: Heine-Bibl. II Nr 2878–2892; bes.: A. PAUL, Heines »Atta Troll«, eine literar. polit. Satire, in: ZfdPh. 56, 1931, S. 244–269; I. LÜLSDORF, Salome, Die Wandlung e. Schöpfung Heines in d. französ. Literatur, Diss. Hamburg 1953; S. NA'AMAN, Heine u. Lassalle, in: Arch. f. Sozialgesch., 4, 1964, S. 45–86; G. TONELLI, Heine e la Germania. Saggio su Atta Troll e Deutschland, ein Wintermärchen, 1963. PH. VEIT; Heine's imperfect Muses in Atta Troll, in: GermRev, 39, 1964. S. 262–280; H. SCHANZE: Noch einmal: Romantique defroqué. Zu Heines »Atta Troll«, in: Heine-Jb. 1970, S. 87–98.

»Neue Gedichte«

Entstehung: 1827–1844. – *Hss.:* Heine-Archiv, Düsseldorf; Biblioth. Nat. Paris; Harvard Univ. Libr., Slg Heinemann, New York; u. verstreute Fragmente.
Erstdrucke: in Zeitschriften vgl. Heine-Bibl. I Nr 640–694, andere erschienen zuerst in »Reisebilder« u. »Salon«; als Buch 1844 gleichzeitig bei Hoffmann u. Campe in Hamburg und bei Dubochet in Paris. – Vgl. Heine-Bibl. I Nr 436–442.
Literatur: Heine-Bibl. II Nr 2999–3002; bes.: FR. STAMM, Die Liebeszyklen in Heines »Neuen Gedichten«, in: Euphorion 23, 1921, S. 82–95; S. S. PRAWER, Heine, The Tragic Satirist, A study of the later poetry 1827–1856, 1961.

Berichte für die Augsburger ›Allgem. Ztg‹

s. Heine-Bibl. I Nr 794, 796, 798–800. – s. auch bei »Lutezia« S. 61 f.

»*Deutschland.* Ein Wintermärchen.«

Entstehung: 1843/44. – *Hss.* Biblioth. Nat., Paris; einzelne Blätter verstreut. Das eigentliche Arbeitsmanuskr. wurde von Heines Verwandten aus dem Nachlaß herausgenommen, in einzelnen Blättern an Interessenten verteilt und ist nur noch in Resten erhalten. Ein Faks.-Druck nach der Hs. der Biblioth. Nat., Paris, früher im Besitz der Kaiserin Elisabeth von Österreich, erschien 1915 mit e. Nachw. v. Fr. Hirth bei F. Lehmann in Berlin-Charlottenburg.
Erstdruck: in »Neue Gedichte«, 1844, S. 277–421; im gleichen Jahr auch Einzelausgabe bei Hoffmann u. Campe in Hamburg. – Vgl. Heine-Bibl. I Nr 414–426.
Literatur: Heine-Bibl. II Nr 2944–2961; bes.: H. H. HAMMERICH, Heine »Deutschland. Ein Wintermärchen«, Kopenhagen 1921, ²1946; H. KAUFMANN, Politisches Gedicht u. klassische Dichtung, 1959; G. TONELLI, vgl. unter »Atta Troll«.

»Briefe über Deutschland«, Fragmente.

Entstehung: 1844. – *Hs.:* Heine-Archiv.
Erstdrucke: »Letzte Gedichte und Gedanken«, 1869, u. Elster, E.:
Heine, Herwegh u. d. Gräfin d'Agoult, in: Voss. Ztg 1931, 14. Juni.
Literatur: E. GALLEY, Heines »Briefe über Deutschland« u. die »Geständnisse«, in: Heine-Jb. 1963, S. 60–84.

»Die Göttin Diana«

Entstehung: 1846. – *Hs.:* einige Bl. in Stockholm, Riksark.
Erstdruck: »Vermischte Schriften«, Bd 1, 1854, S. 269–290.
Literatur: M. NIEHAUS, Himmel, Hölle u. Trikot, Heine u. das Ballett, 1959; R. STIEFEL: Heine's ballet scenarios, in: Germ. review 44, 1969, S. 186–198.

»Der Doktor Faust. Ein Tanzpoem«

Entstehung: 1847. – *Hs.:* Heine-Archiv; Korrekturfahnen in d. Staatsu. Univ.-Bibl. Hamburg.
Erstdruck: a) französ.: La Légende du docteur Jean Faust, Paris 1847; b) deutsch: »Der Doktor Faust, Ein Tanzpoem. Nebst kuriosen Berichten über Teufel, Hexen und Dichtkunst.« Hamburg: Hoffmann u. Campe 1851. – Vgl. Heine-Bibl. I Nr 430–433.
Literatur: Heine-Bibl. II Nr 2967–2983; bes.: A. GOTTSCHALK, Heine »Der Doctor Faust...«, Eine Bibliographie, 1934; O. WALZEL, Heines Tanzpoem »Der Doktor Faust«, 1917; C. ENDERS, Heines Faustdichtungen, in: ZfdPh. 74, 1955, S. 364–392; M. NIEHAUS, Himmel, Hölle u. Trikot, Heine u. das Ballett, 1959; G. WEISS, Die Entstehung von Heines »Doktor Faust«, in Heine-Jb. 1966, S. 41–57; R. STIEFEL, vgl. unter »Die Göttin Diana«.

c) Letzte Krankheit (1848–1856)

Heines Krankheit, die allmählich fortschreitende Lähmung aller Glieder, nahm seit 1846 immer mehr zu. Im Februar 1848 brach er, wie er im Nachwort zum »Romanzero« berichtet, auf seinem letzten Ausgang im Louvre vor der Venus von Milo zusammen. „Die Göttin schaute mitleidig auf mich herab, doch zugleich so trostlos, als wollte sie sagen: siehst du denn nicht, daß ich keine Arme habe und also nicht helfen kann?". Die Zeit des hellenischen Sensualismus ist damit für Heine beendet. Acht Jahre lang sollte er noch fest an sein Zimmer, an sein Bett, an die „Matratzengruft" gefesselt bleiben. Die Beine versagten völlig ihren Dienst, und selbst die Arme; nur eine Hand konnte er mühsam zum Schreiben benutzen. Selbst die Augenlider gehorchten nicht mehr seinem Willen. Wenn er Besucher ansehen wollte, mußte er mit seiner Rechten das Lid hochheben. Hinzu kamen quälende Nerven- und Kopfschmerzen, die ihn kaum noch verließen. Ärztliche Hilfe war machtlos. Nur stundenweise konnte sie leichte Linderung der Schmerzen bringen.

Es wurde einsam um Heine. Zwar kamen immer wieder einige seiner alten Pariser Freunde, um ihn aufzusuchen, wie CAROLINE JAUBERT, ALEXANDRE DUMAS, MIGNET. Auch so manche deutschen Parisbesucher, ALFRED MEISSNER, FANNY LEWALD, ALEXANDER WEILL u. a., wollten den berühmten Dichter des »Buchs der Lieder« sehen und sprechen. Aber häufig mußten sie unverrichteter Dinge wieder fortgehen, wenn Heine seiner Schmerzen wegen keine Besucher empfangen konnte.

Bei allem blieb sein Geist lebendig. Sein Witz sprühte, wenn auch häufig noch bitterer als in früheren Jahren, bitterer auch gegen sich selbst. Trotz aller körperlichen Behinderung blieb seine schöpferische Kraft ungebrochen. Nur war er von 1848 an ganz auf gute Sekretäre angewiesen, die seine Werke druckfertig abschrieben, das Diktat seiner Briefe aufnahmen und sich als Vorleser in den Stunden zwischen der Arbeit und zu großer Schmerzen betätigten. So war KARL HILLEBRAND 1848/1849 einige Monate Sekretär des kranken Heine und anschließend bis 1855 RICHARD REINHARDT, den Heine zum Teil auch mit der Übersetzung seiner deutschen Entwürfe ins Französische betraute.

Als JULIUS CAMPE 1851 Heine in Paris besuchte, nahm er eine größere Anzahl neuer Gedichte mit, die u. d. T. »Romanzero« noch im gleichen Jahr erschienen. Der Band enthielt eine Sammlung von Romanzen, also historischer Gedichte, dazu die Abteilung »Lamentationen«, Klagelieder des kranken Dichters, und die »Hebräischen Melodien«. Gedanken und Gestalten der jüdischen Geschichte, die ihn Mitte der 20er Jahre, als er am »Rabbi von Bacherach« arbeitete, beschäftigt hatten, wachten wieder auf. Heine ließ aus dieser Sammlung seiner in den letzten Jahren entstandenen Gedichte, wie er im Nachwort selbst schrieb, alles heraus, was durch seinen Spott die Menschen und Gott verletzen konnte.

Der Ernst dieser religiösen Umkehr Heines in seinen letzten Lebensjahren, die sich auch ein paar Jahre später in seinen »Geständnissen« und in manchen seiner nachgelassenen Gedichte zeigt, ist von vielen angezweifelt worden, da diese Äußerungen immer wieder mit Sarkasmen in Heinescher Ironie eingekleidet sind. Doch da wir Äußerungen religiöser Besinnung auch in manchen Briefen Heines und im Testament selbst finden, die nicht für die Öffentlichkeit bestimmt waren, wo er also seine Gedanken ohne literarische Verkleidung aussprach, können wir von dem tiefen Ernst des religiösen Ringens des kranken Dichters überzeugt sein.

»Romanzero« hatte einen durchschlagenden Erfolg. Der schon totgesagte, mindestens seit sieben Jahr fast verstummte Dichter bewies hier seine unverminderte schöpferische Kraft. Trotz staatlicher Verbote und Konfiskationen in Preußen und Österreich konnte Campe in kurzer Zeit vier Auflagen verkaufen, d.h. über 20000 Exemplare – für einen Gedichtband ein sehr großer Erfolg.

Die schwere Krankheit hatte Heine auch gegenüber den politischen Tagesfragen einen größeren Abstand gewinnen lassen. So konnte er der Revolution von 1848 eine innere Teilnahme nicht mehr entgegenbringen. Besonders die revolutionären Versuche in Deutschland, die Verhandlungen des Frankfurter Parlaments erschienen ihm nur lächerlich, weil man dort nach seiner Ansicht an den wahren politischen Problemen vorbeiging. Gerade die tiefer gehenden und weiter in die Zukunft weisenden Fragen beschäftigten ihn nun auf dem Krankenbett aufs neue. 1852 begann Heine seine alten Tagesberichte an die ›Allgemeine Zeitung‹ aus den Jahren 1840–1843 wieder zu sammeln und neu zu redigieren. Vieles erhielt dabei eine neue Form oder auch zum Teil umfangreiche neue Zusätze. So entstanden die beiden Bücher der »Lutezia«. Doch Campe zögerte noch zwei Jahre, bis er sie nach langen Verhandlungen 1854 in den Bänden der »Vermischten Schriften« veröffentlichte. Kurze Zeit darauf erschien auch die französische Übersetzung der »Lutezia«. Die Préface dieser Ausgabe hatte Heine in der deutschen Ausgabe durch den Widmungsbrief an den Fürsten PÜCKLER-MUSKAU ersetzt, zu dem er im Gefühl einer gewissen inneren Verwandtschaft recht freundschaftliche Beziehungen hatte. Die Préface ist besonders durch ihre ausführliche Stellungnahme zum Kommunismus bemerkenswert.

Der erste Band dieser 1854 erschienenen »Vermischten Schriften« brachte eine Sammlung anderer inzwischen fertiggestellter Werke: die »Geständnisse«, »Die Götter im Exil«, eine Fortsetzung seiner Bemühungen um die Frage des Weiterlebens antiker Göttergestalten, wie er es in den beiden Tanzspielen und in den »Elementargeistern« dargestellt hatte, und »Ludwig Marcus«, einen Nachruf aus dem Jahre 1844 auf einen Freund aus dem Berliner Kreis des ›Vereins für die Kultur und Wissenschaft der Juden‹; ferner die »Gedichte 1853 und 1854«, die nach der Herausgabe des »Romanzero« entstanden waren bzw. einige ältere, die er dort wegen ihres politischen Charakters nicht hatte bringen wollen.

Die »Geständnisse« hatte Heine zunächst für die Franzosen geschrieben als Einleitung zur Neuauflage des Werks »De l'Allemagne«, der französischen Übertragung der »Geschichte der Religion und Philosophie in Deutschland« und der »Romantischen Schule«. Die »Aveux d'une poète« veröffentlichte er im September 1854 in der ›Revue des deux mondes‹ mit großem Erfolg vor der deutschen Fassung in den »Vermischten Schriften«. Es war eine Rechtfertigungsschrift über sein Schaffen und Kämpfen, die Darlegung der inneren Konsequenz und Einheit seines Werks. Er behandelte die politisch-sozialen und die religiös-weltanschaulichen Gedanken, die seinem Schaffen zugrunde lagen, und setzte sich mit dem Sozialismus und Kommunismus wie auch mit dem Judentum und Christentum auseinander.

In den »Geständnissen« weist Heine verschiedentlich auf Erlebnisse hin, die er in seinen »Memoiren« darstellen werde. Diese »Memoiren« selbst sollten aber nicht mehr zu seinen Lebzeiten erscheinen. Was EDUARD ENGEL 1884 davon veröffentlichte, war dann nur ein kleiner Teil des geplanten und vielleicht auch schon ausgeführten Werkes. Ein wohl erst nach Heines Tod erfolgtes Eingreifen der Familie, die in Heines Lebenserinnerungen peinliche Enthüllungen fürchtete, hat wahrscheinlich dazu geführt, daß nur ein Fragment des Werks erhalten geblieben, der größte Teil dagegen vernichtet worden ist.

Was sich sonst unter dem handschriftlichen Nachlaß Heines aus seinen letzten Lebensjahren an Unveröffentlichtem erhalten hatte, wurde erst 1869 von STRODTMANN in den »Letzten Gedichten und Gedanken«, dem ersten Supplementband der Hamburger Werkausgabe, veröffentlicht. Im wesentlichen sind es Gedichte aus der „Matratzengruft", die Heine in klarer Erkenntnis des herannahenden Todes schuf, oft in schlaflosen, qualvollen Nächten dem kranken Körper abgerungen. Da steht blasphemischer Trotz, ein Aufbäumen gegen das Geschick, das ihn, den „besten der Humoristen", getroffen hat, neben einem Sichfügen, einem Zurechtrücken der Maßstäbe des Lebens.

Dazu veröffentlichte STRODTMANN unter dem Titel »Gedanken und Einfälle« Gedankensplitter, Bonmots, Lesefrüchte, die Heine auf kleine Zettel gelegentlich notiert hatte, um sie später einmal an passender Stelle zu verwerten. Die von Strodtmann willkürlich geschaffene systematische Ordnung, ohne Rücksicht auf ihre zeitliche Entstehung – von der Zeit der »Reisebilder« bis in die 50er Jahre – wie auch die von ihm unternommene redaktionelle Bearbeitung verleihen diesen Einfällen den Charakter einer Aphorismensammlung, der ihnen im Grunde nicht gebührt. Strodtmann fügte dem noch einige unveröffentlichte Prosaentwürfe bei, so besonders die »Briefe über Deutschland« aus dem Jahre 1844, die Heine z. Tl. 1854 in den »Geständnissen« verarbeitet hatte.

Langjährige Bemühungen und Kämpfe mit seinem Verleger, noch vor seinem Ende eine *Gesamtausgabe* seiner Werke erscheinen zu lassen, scheiterten immer wieder an Campes Ablehnung. So kam es, daß noch vor Heines Tod im Ausland, zunächst in Amsterdam und dann in Philadelphia, unrechtmäßige Gesamtausgaben erschienen. Erst 1861 begann Strodtmann im Verlag Hoffmann und Campe die rechtmäßige und maßgebliche Ausgabe seiner Werke.

In den letzten schweren Lebensjahren waren die körperlichen Widerstandskräfte des kranken Dichters immer mehr geschwunden. Er hatte so sehr an Körpergewicht verloren, daß die Wärterin ihn wie ein Kind hochheben konnte. Seine geistige Frische aber war ihm, wie es von allen, die ihn besucht haben, bezeugt wird, erhalten geblieben. Die Sorge, daß er seine Frau mit ungenügenden Geldmitteln nach seinem Tode zurücklassen sollte, verbitterte ihm manche Stunde und füllte einen großen Teil seines Briefwechsels mit dem Verleger, mit seiner Familie und nahen Freunden. Doch immer wieder gelang es ihm, sich über Schmerzen und Sorgen in seinem Schaffen und in Gesprächen mit Freunden, die ihn aufsuchten, zu erheben. Eine Bekanntschaft der letzten Monate, seine letzte Liebe, die 'Mouche', eine junge Deutsche namens ELISE KRINITZ, die sich später als Lehrerin und Schriftstellerin in Frankreich 'Camille Selden' nannte, verstand es, ihm noch manche Erleichterung und Freude in die Matratzengruft zu bringen, indem sie ihm unmittelbares Verständnis und ungeheuchelte Bewunderung entgegenbrachte, wie er sie nur selten erfahren hatte. Einige seiner letzten ergreifendsten Gedichte sind aus der Begegnung mit der Mouche erwachsen.

Nach achtjährigem schwersten Krankenlager erlöste ihn der Tod am 17. Febr. 1856 in der Rue de Matignon Nr 3. Am 20. Februar wurde er, seinem Wunsch gemäß, ohne große Feierlichkeit zu Grabe getragen. Unter dem Geleit vieler seiner Freunde, unter ihnen Dumas, Gautier und Mignet, wurde er auf dem Friedhof Montmartre beigesetzt.

Zur Biographie:

MEISSNER, A.: Die Matratzengruft, Erinnerungen an Heine, 1921.

RAHMER, S.: Heines Krankheit u. Leidensgeschichte, 1901.

STERN, A.: Heines Krankheit u. s. Ärzte, in: Heine-Jb. 1964, S. 63–74.

KOLLE, Kurt: Die Krankheit von Heine, in: Der Hautarzt 15, 1964, S. 162ff.

SELDEN, C.: Heines letzte Tage, 1884.

WEIGAND, H.: Heines return to God, in: Modern Philology 18, 1920, S. 309–342.

HESS, J.A.: Heine's return to religion, in: Kentucky Foreign Language Quart. 5, 1958, S. 88–94.

DRESCH, J.: Heine et la révolution de 1848, in: Études Germ. 4, 1949, S. 39–47.

MENDE, F.: Heine u. d. Folgen der Julirevolution, in: Goethe-Almanach 1968, S. 182–207.

»Romanzero«

Entstehung: 1844–1851. – *Hss.:* Heine Archiv, Düsseldorf; Bibl. Nat., Paris; Harvard Univ. Libr., New York; u. verstreute Fragmente.

Erstdruck: Erstdrucke verschiedener Gedichte in Zeitschr. u. Almanachen; als Buch 1851 bei Hoffmann u. Campe in Hamburg. – Vgl. Heine-Bibl. I Nr 559–567.

Literatur: Heine-Bibl. II Nr 3149–3166; bes.: H. HERRMANN, Studien zu Heines »Romanzero«, 1906; CH. ANDLER, Le »Romanzero de Heine, in: Études Germ. 2, 1947, S. 152–172; S. S. PRAWER, Heine, The Tragic Satirist, A study of the later poetry 1827–1856, 1961; H. GEBHARD, Interpretationen der Historien aus Heines »Romanzero«, Diss. Erlangen 1956.

»Vermischte Schriften«, Bd 1–3

Druck: 1854; s. Einzeltitel

»Lutezia. Berichte über Politik, Kunst u. Volksleben«

Entstehung: 1840–1844; Bearbeitung 1852. – *Hss.:* Heine-Archiv Düsseldorf; Bibl. Nat., Paris; Yale Univ. Libr., New York; Pierpont Morgan Libr., New York; u. verstreute Fragmente.

Erstdrucke in der Augsburger ›Allgem. Ztg‹ 1840–1843: Heine-Bibl. I Nr 794, 976, 798–800; die Bearbeitung in: »Vermischte Schriften«, Bd 2 u. 3, 1854; französ. Übersetzg: »Lutèce«, Paris 1855.

Literatur: Heine-Bibl. II Nr 3057–3061; bes.; H. BOCK, Die ökonom. polit. Auffassungen Heines in den Briefen an d. Augsburger Allgem. Ztg. in: Ztschr. f. Geschichtswiss. 5, 1957, S. 826–835;

K. EMMERICH, Heines politisches Testament in dt. Sprache (Préface zur »Lutèce« in dt. Urfassung), in: Weimarer Beiträge 4, 1958, S. 202–213; M. MANN, Heines Musikkritiken, Phil. Diss., Harvard Univers., New York 1961; DERS., Heines Handschriften als Quellenmaterial zu e. biograph. Revisionsbericht. Heines Musikberichte in d. ›Allgem. Ztg‹ u. in »Lutezia«, in: Heine-Jb. 1963, S. 85–101.

»*Ludwig Marcus*. Denkworte«.

Entstehung: 1844. – *Hs.:* Heine-Archiv.
Erstdruck: ›Allgem. Ztg‹, 1844; »Vermischte Schriften«, Bd 1, 1854, S. 291–322.

»*Geständnisse*«

Entstehung: 1853 f. – *Hs.:* Heine-Archiv.
Erstdrucke: a) französ. in: ›Revue des deux mondes‹, 1854, S. 1170 bis 1206; De l'Allemagne, Nouv. éd.T. 2, 1855, S. 243–340; b) dt. in: »Vermischte Schriften«, Bd 1, 1854, S. 1–112.
Literatur: Heine-Bibl. II Nr 3016f; ferner: E. GALLEY, Heines »Briefe über Deutschland« u. die »Geständnisse«, in: Heine-Jb. 1963, S. 60–84.

»*Die Götter im Exil*«

Entstehung: 1853. – *Hs.:* Fragmente im Heine-Archiv.
Erstdrucke: a) französ. in: ›Revue des deux mondes‹ 1853, T. 12, S. 5–38; De l'Allemagne, Nouv. éd. T. 2, 1855, 181–242; b) unberechtigte Übers. ins Dt. u. d. T. »Verbannte Götter« 1853 bei G. Hempel in Berlin; c) dt. in: »Vermischte Schriften«, Bd 1, 1854, S. 215–267.
Literatur: A. J. SANDOR: The exile of gods, 1967. (Anglia Germanica. 9.)

»*Gedichte 1853 und 1854*« und Nachlese

Entstehung: 1814–1856. – *Hss.:* Heine-Archiv, Düsseldorf; Biblioth. Nat., Paris; Harvard Univ. Libr., New York; u. verstreute Fragmente.
Erstdrucke: »Vermischte Schriften«, Bd 1, 1854, S. 125–214; »Letzte Gedichte und Gedanken«, 1869, S. 3–182. (vgl. Heine-Bibl. I S. 31); vorher Einzeldrucke in Ztschr. u. Anthologien.
Literatur: Heine-Bibl. II Nr 2996ff.; ferner: S. ATKINS, The first draft of Heine's »Für die Mouche«, in: Harvard Libr. Bull. 13, 1959, S. 415–443; S. S. PRAWER, Heine, The Tragic Satirist, 1961; W. NOETHLICH, Heines letzte Gedichte. Vorarbeiten z. e. hist. krit. Ausg., Diss. Köln 1963; K. H. HAHN, Die Wanderratten, in: Hahn: Aus der Werkstatt deutscher Dichter, 1963, S. 279 bis 291.

»Gedanken und Einfälle«

Entstehung: 1827–1856. – *Hs.:* Slg. Heinemann, New York, und verstreute Fragmente.
Erstdrucke: »Letzte Gedichte und Gedanken«, 1869, S. 185–268; Verb. Ausg.: Aphorismen und Fragmente, in: Heines Werke in Einzelausg. Der Prosa Nachlaß, hrsg. v. E. Loewenthal, 1925, S. 135–228.
Literatur: FR. HIRTH, Heines Aphorismen, in: F. H., Heine, Bausteine, 1950, S. 170–180.

»Memoiren«

Entstehung: 1850–1855 (?). – *Hs.:* Bibl. Nat., Paris.
Erstdrucke: ›Die Gartenlaube‹, 1884, Nr 6–17. – vgl. Heine-Bibl. I Nr 510–514.
Literatur: Heine-Bibl. II Nr 3065–3081; bes.: G. KARPELES, Die Memoiren, in: G. K., Heine u. seine Zeitgenossen, 1888, S. 245 bis 269; W. WADEPUHL, Heines Memoiren, in: Weimarer Beiträge 2, 1956, S. 233–258.

C. Die Wirkung Heines

Die Geschichte von Heines Wirkung auf die Dichtung seiner Zeit und der folgenden Generationen ist noch nicht geschrieben. Wohl gibt es zahlreiche Werke über sein Bekanntwerden und seinen Einfluß in fremden Sprachen und Ländern. Aber gerade die Wirkung Heines in Deutschland ist bisher nur wenig erforscht. Die Schwierigkeit der Beurteilung dieser Frage liegt darin, daß die Wertung und damit auch die Wirkung seines Werkes von der Zeit des Erscheinens seiner »Reisebilder« an weniger eine Frage literarischer Kritik war, sondern mehr einem positiven oder negativen Votum über Heine entsprang. In der langen Zeit des Streites um Heine von etwa 1830 bis zu seinem Tode, dann – nach einer etwa 25jährigen ruhigeren Epoche – von der Mitte der 80er Jahre bis heute ist Heine das Talent eigentlich nie abgesprochen worden, abgesehen von einigen Urteilen aus antisemitischen Kreisen. Der Streit um sein Werk entzündete sich nicht an der Frage nach dem literarisch-ästhetischen Wert, sondern nach seiner politischen und moralischen, seiner weltanschaulichen und religiösen Bedeutung. Damit war auch die literarische Wirkung seines Werkes beschränkt. Denn der Dichter und Schriftsteller, der sich dem Einfluß des Heineschen Werkes öffnete, bekundete damit indirekt schon seine politisch-weltanschauliche Gesinnung.

Der dichterische Ruhm Heines beruhte zunächst auf dem »Buch der Lieder«. Nach langsamerem Beginn erreichte das Werk noch zu Heines Lebzeiten dreizehn Auflagen und blieb bis heute sein meistgedrucktes und -übersetztes Werk. Erst recht durch die vielfachen Vertonungen der Gedichte des »Buchs der Lieder« von Schubert, Schumann, Mendelssohn, Brahms, Hugo Wolf und vielen anderen Komponisten, die bis 1933 und bis heute zum ständigen Repertoire der Konzertsänger gehörten, blieben Heines Lieder trotz so vieler Vorbehalte gegen den Dichter und sein Werk im Bewußtsein der Deutschen lebendig. Heines direkte literarische Wirkung war zumindest in Deutschland trotz seines Ruhmes verhältnismäßig gering. Wohl reizte zunächst die scheinbar selbstverständliche Leichtigkeit seiner Verse, die melodische Sprache zahlreiche zweit- und drittrangigen Dichter zur Nachahmung. In Hunderten von Almanachen, Taschenbüchern und Anthologien findet man die Heineschen Töne wieder, aber meistens leer und banal, ohne den Charme und die immer mitschwingenden Zwischentöne der echten Lyrik Heines. Damit stießen diese Nachahmer aber gerade die künstlerisch Ringenden von der Heineschen Nachfolge ab. Bedeutsamer, wenn auch nur für kürzere Zeit, wurde die Wirkung seiner »Neuen Gedichte« und der beiden Epen auf die politische Lyrik der 40er Jahre, auf Freiligrath und Herwegh, auf Dingelstedt, Grün, Beck, Georg Weerth und andere. Doch deren im Grunde optimistisches Pathos, das Heine nicht kennt, entlockte ihm immer nur Spott, was wiederum seinen anfangs bestehenden Einfluß bald abschwächte. Ähnlich verläuft die Wirkungskurve von Heines Prosa. Seine »Reisebilder« wurden zwar zunächst Vorbild für zahlreiche liberale Schriftsteller der 30er und 40er Jahre, die in Form von Reiseberichten und fragmentarischen Erzählungen über Religion, Politik und Kultur räsonnierten. Wesentlich von Heine abhängig ist die Prosa der Jungdeutschen.

Nach 1848 erlosch bei den Schriftstellern wie beim Publikum ziemlich schlagartig das Interesse an politischen Fragen. Damit hörte auch für viele Jahrzehnte eine breitere Wirkung von Heines Dichtung auf.

Es ist jedoch auffällig, daß Heines Lyrik auch weiterhin gerade auf junge Talente der folgenden Generation zunächst einen starken Eindruck machte. Sie benutzten häufig für ihre ersten lyrischen Versuche den Heineschen Ton gleichsam als Auslösungselement für ihr eigenes dichterisches Bemühen. Das trifft etwa auf Storm, Keller, Scheffel und Busch zu. Erst dann, wenn es den jungen Dichtern gelang, sich von dem zunächst übermächtigen Einfluß Heinescher Lyrik zu lösen, kamen sie zu ihrer eigenen persönlichen Note. Für diesen Lösungsprozeß ist Kellers »Apotheker von Chamonix« besonders charakteristisch. Doch waren es im Grunde immer nur einzelne formale und inhaltliche Elemente zumeist aus Heines früher Lyrik, fälschlich als Erlebnisdichtung verstanden, die von diesen Dichtern der zweiten Hälfte des 19. Jhs. als Vorbild für eigenes Schaffen angenommen wurde.

Der tiefere Grund für diese kurzfristige und letztlich geringfügige literarische Wirkung Heines in Deutschland liegt in dessen besonderer literarischer Situation. Heines dichterische Anfänge lagen in der Romantik, und er hat sich bis in seine letzte Schaffensperiode auch niemals restlos von diesem Ursprung seiner Kunst gelöst. Andererseits hat er durch seine neuartige zum Teil aus aufklärerischem Gedankengut stammende Einstellung zum Leben, zur Kunst, durch die Einbeziehung bisher dichtungsfremder Gebiete in die Dichtung dem Realismus stark vorgearbeitet. Doch ist er nie Realist geworden. Er schildert das Leben, den Alltag, die Mitmenschen immer nur im Spiegel seines Ich. Ja selbst seine eigenen Erlebnisse und Gefühle stellt er nicht in ihrer natürlichen Gegebenheit dar, sondern auch sie immer nur gebrochen im Spiegel seines dichterischen Intellekts. Diese Heinesche Subjektivität, seine Ironie, in ihrer besonderen, unromantischen, desillusionierenden Funktion, war weder durch seine Zeitgenossen, die Jungdeutschen und die Revolutionslyriker, die im Grunde schon Frührealisten sind, nachvollziehbar und erst recht nicht durch die kommende Generation der Realisten. Darum konnten die Dichter seiner Zeit und der kommenden Jahrzehnte von Heine im Grunde nur Äußerlichkeiten des Stils und des Stoffes übernehmen.

Anders wird es erst gegen Ende des 19. Jahrhunderts. Einerseits verstärkte sich Ende der 80er Jahre mit den Versuchen, für Heine in Düsseldorf, Frankfurt und Hamburg Denkmäler zu errichten, der Kampf gegen Heine, dessen Breitenwirkung man aus den erregten Zeitungsdebatten bis kurz vor dem ersten Weltkrieg herauslesen kann. Zunächst entsprangen die Vorwürfe gegen Heine nationalistischen und konfessionellen Ressentiments. In solcher Haltung wurde das Heinebild breiter Schichten des Bürgertums der ersten Jahrzehnte des 20. Jahrhunderts geformt. Erst allmählich begann sich der Antisemitismus in der Heinekritik in den Vordergrund zu schieben, wofür der Kampf ADOLF BARTELS' gegen Heine in Broschüren und Zeitungsartikeln seit 1906 bezeichnend ist. Doch sprach selbst Bartels Heine das dichterische Talent nicht ab, aber: „ein deutscher Lyriker ist er nicht, er ist ein deutschdichtender Jude, der uns de facto nicht soviel sein kann wie selbst ein kleineres deutsches Talent, dessen Lyrik aus seinem Leben und Wesen und weiterhin aus deutschem Volkstum erwächst". Der Nationalsozialismus griff Bartels' Kampf gegen Heine auf und führte die Ablehnung des „Schmutzfinks im deutschen Dichterwald" ins Extrem. In Heine „strebte das Judentum danach, uns zu entwurzeln und von den Quellen unserer Kraft zu lösen und unser Rassegefühl, unser Blutbewußtsein zu trüben und zu ersticken" (Pütz, ›Westdeutscher Beobachter‹, 8. 2. 1934).

Der um 1890 einsetzende Kampf gegen Heine führte aber andererseits auch die Verteidiger Heines auf den Plan. Damit wurde sein Werk, und zwar das ganze Werk in vielen Kreisen erst wieder bekannt; nicht mehr nur das hundertfach vertonte »Buch der Lieder«, sondern auch die späteren Gedichte, der »Romanzero« und seine Prosa, wurden jetzt in zunehmendem Maße wieder gelesen und geschätzt.

Dieser lebhafte Streit um Heine traf auf eine neue Dichtergeneration, die sich vom Realismus löste, die teils durch stärkeren Subjektivismus teils durch neue Themenstellung, durch politisches und soziales Interesse der Heineschen Dichtung aufgeschlossener gegenübertreten konnte als die Generationen vor ihr. Bezeichnend für die neue Wertung, die Heine in Deutschland erfuhr, sind die Äußerungen NIETZSCHES über Heine, besonders in »Ecco homo«, wo er schreibt „den höchsten Begriff vom Lyriker hat mir Heinrich Heine gegeben". So war der Weg für eine neue Wirkung von Heines Dichtung frei. Die Ausweitung des Dichtungsbereichs durch Heine auf bis dahin lyrikfremde Bereiche, auf Politik, auf die menschlichen Nöte des Alltags, die auch die Sphäre der Schwächen des eigenen Ichs nicht verschonte, gewinnt in der Dichtung des Naturalismus – von HOLZ, DEHMEL, LILIENCRON an – neue Aussagekraft. Auch die Form von Heines Dichtung, die scheinbar nonchalante Vers- und Wortbehandlung und die dadurch gesteigerte witzige Wirkung wird von der Chanson- und Brettl-Dichtung eines BIERBAUM, WOLZOGEN, WEDEKIND, später von KLABUND, BRECHT, TUCHOLSKY, KÄSTNER übernommen, wenn auch häufig bissiger, dafür aber z. T. weniger witzig als bei Heine selbst. Auch unter den Expressionisten, z. B. beim jungen TRAKL, sind Einwirkungen Heines nachzuweisen (vgl. Preisendanz). Verstärkt wird diese Wirkung Heines in der revolutionären und sozialkritischen Dichtung nach dem ersten Weltkrieg. Das Bemühen FRANZ MEHRINGS und anderer, Heine in Arbeiterkreisen durch Aufsätze, Vorträge und durch preiswerte Heine-Ausgaben sozialistischer Verlage bekannt und populär zu machen, bereitete den Boden für eine neue intensive Heinewirkung.

Auch Heines Prosa fand seit 1900 neuen Widerhall. Es sei hier besonders an THOMAS MANNS Urteil über Heine aus dem Jahre 1908 erinnert (»Rede und Antwort« 1922, S. 382), der besonders seine Schrift über Börne schätzte. Wieder ist es bezeichnend, daß nicht die »Reisebilder«, deren romantische Verbundenheit noch stärker durchklingt, sondern eine der Streitschriften aus der Zeit seines politischen Journalismus die Bewunderung Thomas Manns erregte. Sicher wird dieser in Heines Stil, in der ironischen Schärfe seiner Menschencharakterisierung manches Verwandte gefunden haben. Auch bei HEINRICH MANN, bei HERMANN BAHR, in den Essays von KERR ist eine Berührung mit Heines Prosa zu spüren.

Bei manchen dieser jungen Schriftsteller läßt sich der direkte Einfluß Heinescher Dichtung durch Nachweis der Übernahme von Themen, durch Anleihen beim Heineschen Wortschatz, bei der bewußten Überspitzung Heinescher Anregungen erkennen. Doch manchesmal mag die Wirkung Heines indirekt, bzw. unbewußt erfolgt sein auf Grund ähnlicher Situation und dichterischer Tendenz. Da noch eingehende Stiluntersuchungen zu Heines Werk fehlen, fehlt auch die Grundlage zu echter Stilvergleichung und damit zur Beurteilung tieferer Wirkung Heines in den ersten Jahrzehnten des 20. Jhs.

Anders ist es bei Heines Einfluß auf den Journalismus, der sich ganz bewußt des Heineschen Stils erinnerte und ihn übernahm. Da aber andererseits der journalistische Stil, von Heine vorgeformt, von 1900 an bis heute immer stärker auch in die Prosadichtung eindrang, ja weithin ihren Stil formte, kann man wohl auch von einer intensiven, wenn auch häufig unbewußten Wirkung des Heineschen Werkes auf die moderne Literatur sprechen.

Hier setzte die wohl schärfste Kritik an Heine von KARL KRAUS in seinem Werk »Heine und die Folgen« aus dem Jahre 1910 ein. Kraus machte darin Heine und seine Dichtung für die nach seiner Ansicht verhängnisvollen Romanisierung des deutschen Stils seiner Zeit verantwortlich. Durch Heine sei eine Sprachverderbnis eingeleitet, wo der schöne Schein, der Esprit, das Bonmot wichtiger genommen werde als der geistige Gehalt. Von Heine gehe die gefährliche Verquickung des Geistigen mit dem Informatorischen aus. Daß Kraus seine vielen journalistischen Fehden nur mit einer gehörigen Portion Heineschen Stils durchführen konnte, sei am Rande vermerkt.

Doch Kraus' Kritik an Heine verhallte, zum Teil wohl wegen der Esoterik seiner Sprach- und Kulturanschauung; vor allem aber, da er von der politisch weltanschaulichen Aggressivität ADOLF BARTELS' und dessen Gesinnungsgenossen an die Seite gedrückt wurde. Mit deren politischer Machtergreifung wurde nach 1933 innerhalb Deutschlands die Wirkung und sogar die Kenntnis des Heineschen Werkes unterbunden; eine Kontinuität blieb allein im Bereich der Emigrationsliteratur möglich. Mit der Forderung: „Heine gehört in keine deutsche Literaturkunde, kein Lese- und Lernbuch. Keine Forschung über Heine. Kein Verleger für neue Heine-Ausgaben" (Lutz,

›Nationalsoz. Monatshefte‹, 1936) sollte der Schlußstrich unter das Fortleben von Heines Dichtung innerhalb Deutschlands gezogen werden.

Nachdem mit dem Ende des zweiten Weltkriegs die nazistische Verfemung Heines ein Ende hatte, bestand zunächst ein großer Nachholbedarf an Heine-Ausgaben, da in weiten Kreisen sein Werk völlig unbekannt geworden war. So erschienen viele Einzelwerke und kleinere oder größere Sammelausgaben. Während aber in Mitteldeutschland infolge einer radikalen politischen Umwertung des literarischen Erbes Heines Werk bis in die Schullektüre eine intensive, wenn auch einseitig politisch ausgerichtete Neubewertung und wohl auch neue literarische Wirkung erfuhr, fehlte in der Bundesrepublik dieser außerliterarischer Anstoß zur Aktualisierung Heines. Die notwendige Neubewertung Heines brauchte hier eine literarhistorische Neubeurteilung, die auch von der deutschen Germanistik – zunächst langsam aber ständig wachsend – in Angriff genommen wird. Dabei hat diese für eine Umwertung Heines in der Öffentlichkeit und besonders auch in der Schulgermanistik noch mit vielen Vorurteilen gegen den Dichter aus dem über 150jährigen Meinungsstreit zu kämpfen, die noch bis in manche bekannten literarhistorischen Werke nach dem zweiten Weltkrieg (etwa von Muschg und Ermatinger) ihren Niederschlag gefunden haben.

Das Bekanntwerden und die Wirkung Heines im Ausland war im einzelnen natürlich unterschiedlich. Zunächst trug die Geschliffenheit seiner Sprache, die Leichtigkeit seiner Diktion, das Melodische seiner Verse dazu bei, daß seine Werke häufig und z. T. recht gut übersetzt werden konnten. Noch heute gehört Heine zu den meist übersetzten und in allen Kultursprachen bestbekannten deutschen Dichtern. Doch von entscheidender Bedeutung für die Schätzung Heines im Ausland war, daß seine Dichtung nichts von der den Deutschen häufig vorgeworfenen provinziellen Enge und Schwere anhaftete, die der Fremde nicht versteht und darum ablehnt. Heines Berührung mit dem französischen Geist und der französischen Dichtung gab seinem Werk den weltoffenen, urbanen Charakter, der ihn der Welt verständlich machte. Die Bewertung Heines als des größten deutschen Dichters nach Goethe ist im Ausland verbreitet. Für Heines Wirkung im Ausland ist außerdem der politisch-weltanschauliche Akzent von außerordentlicher Bedeutung. Man kann aus der Zahl und der Intensität der Übersetzungen Heinescher Werke so etwas wie ein politisches Barometer der verschiedenen Länder ablesen, da jeweils bei verstärkter liberaler und sozialistischer Aktivität auch neue Heineübersetzungen erschienen. Gerade dort, wo sich eine junge Literatur aus den Fesseln bisheriger religiöser und provinzieller Enge zu lösen suchte, wurde Heines Dichtung begeistert aufgenommen. Wie sehr die politisch weltanschauliche Entwicklung in den einzelnen Ländern für das jeweilige Heinebild und die Art und Intensität seiner Wirkung auf die nationale Literatur von entscheidender Bedeutung ist, hat Zagari am Beispiel Italiens zu erläutern versucht. So führten die große Schätzung Heines und das intensive Bekanntwerden seiner Werke in aller Welt dazu, daß er für viele Dichter Vorbild und Lehrer wurde. Bis in Form, Rhythmus und Diktion schöpfte man aus Heines lyrischem Werk, besonders seinem »Buch der Lieder«, vielfältige Anregungen.

Heines Wirkung in Frankreich nimmt natürlich eine Sonderstellung ein. Da Heine schon bald nach seiner Übersiedlung nach Paris viele seiner Werke über oder für Frankreich schrieb, da die französischen Übersetzungen je länger je mehr unter seiner Aufsicht, zum Teil direkt aus seiner Feder kamen und da er persönlich so eng mit dem literarischen Leben in Frankreich verbunden war, wurden seine Werke in Frankreich bald nicht mehr als Übersetzungen eines ausländischen Autors empfunden. Henri Heine galt vielen als französischer Dichter. So war auch die Bedingung für eine Wirkung seines Werkes auf die französische Dichtung sehr günstig. Die zeitgenössischen romantischen Dichter Frankreichs – Musset, Nerval, George Sand, Gautier usw. – schätzten Heine sehr und standen auch mehr oder weniger unter seinem Einfluß. Auch zu den Symbolisten, insbesondere zu Baudelaire, führen manche Wege von Heine her. Doch sind über diese Fragen ernsthafte Untersuchungen, die über die Behandlung persönlicher Bekanntschaftsverhältnisse hinausgehen, kaum gemacht. Die Arbeit von Louis P. Betz (»Heine in Frankreich«, 1895), eine zur Zeit ihrer Entstehung äußerst wertvolle Arbeit, ist heute unzureichend.

In den anderen Ländern und Sprachen sind durch die zahlreichen Übersetzungen gleichfalls direkte Wirkungen Heines auf die Dichter erfolgt. So weiß man von Wirkungen auf George Eliot und Tennyson, auf Housman und Wilde in England, auf Longfellow in den USA, in Italien auf Carducci und Leopardi, in Spanien auf Becquer, in Ungarn auf Petöfi, in Rußland auf Lermontow und Tjutschew usw. Dadurch, daß dem Werk Heines in den letzten Jahrzehnten durch zahlreiche Übersetzungen in Asien und Südamerika neue Räume erschlossen wurden, sind auch der Wirkung seines Werks neue Möglichkeiten gegeben.

Literatur:

Übersetzungen: Heine-Bibl. I Nr 835–2011.
SCHMOHL, E.: Der Streit um Heine, Darstellung u. Kritik der bisherigen Heine-Wertung. Diss. Marburg 1956.
SCHMITT, FR.: Heine als Gegenstand der literar. Kritik. Diss. München 1932.
KOOPMANN, H.: Heine in Deutschland. Aspekte,Wirkung im 19. Jh., in: Nationalismus in Germanistik u. Dichtung 1967, S. 312–333.
GALLEY, E.: Heine im Widerstreit d. Meinungen 1825–1965, 1967.
BARTELS, A.: Heine, Auch ein Denkmal, 1906.
KRAUS, K.: Heine u. die Folgen, 1910.
BORRIES, M.: Ein Angriff auf Heine. Krit. Betracht. zu K.Kraus, 1971.
ADORNO,TH.W.: Die Wunde Heine. In: Th.W.A., Noten zur Literatur [I], 1958, S. 45 ff.
SCHWEICKERT, A.: Heines Einflüsse auf die dt. Lyrik 1830–1900, 1969; DERS.: Notizen zu den Einflüssen Heines auf die Lyrik von Kerr, Klabund, Tucholsky u. Kästner, in: Heine-Jb. 1969, S. 69 bis 107.
PREISENDANZ,W.: Auflösung u. Verdinglichung in den Gedichten Georg Trakls, in: Poetik u. Hermeneutik, 2, 1966, S. 227–261.
BETZ, L.P.: Heine in *Frankreich,* 1895.
WEINBERG, K.: Heine »Romantique défroque«, Héraut du symbolisme français, 1954.
WORMLEY, S.: Heine in *England,* 1943.
LIPTZIN, S.: The English Legend of Heine, 1954.
ARNOLD, A.: Heine in *England* and *America,* A bibliograph. check list, 1959.
SACHS, H. B.: Heine in Amerika, 1916.
BERENDSOHN,W.: Der lebendige Heine im *german. Norden,* 1935.
MALINIEMI, I.: Heine in der Literatur *Finnlands* bis etwa 1920, in: Nerthus, 1, 1964, S. 9–105.
UYTTERSPROT, H.: Heine en zijn invloed in de *Nederlandse* letterkunde, 1953.
NOSSING, A. F.: Heine in *Italia* nel secolo decimonono, 1948.
ZAGARI, L.: Heine in der italienischen Kritik, in: Heine-Jb. 1965, S. 51–63.
RUKSER, U.: Heine in der *hispanischen Welt,* in: DVjs. 30, 1956, S. 474–510.
OWEN, Cl.: Heine im span. Sprachgebiet. Krit. Bibliogr. 1968.
GELDRICH, H.: Heine u. d. span.-amerik. Modernismus. Diss. Baltimore, 1967.

Bopp, M.: Heine, Bibliografia en *Mexico,* in: Anuario de Letras 1, 1961, S. 181–190.

Zamudio, J.: Heine en la literatura *Chilena,* 1958.

Levinton, A.: Genrich Gejne, Bibliogr. *russk.,* 1958.

Kubacki, W.: Heine u. *Polen,* in: Heine-Jb. 1966, S. 90–106.

Popowa, L.: Heine in *Bulgarien,* Diss. Leipzig, 1963.

Toroutiu, I.: Heine si Heinismul in literatura *romanesca,* 1930.

Lauer, R.: Heine in *Serbien,* 1961.

Raphael, J.: Heine, *Hebräische* Bibliogr. in: Heine-Jb. 1968. S. 39 bis 55; DERS.: Heine i. d. jiddisch-literar. Welt, in: Heine-Jb. 1970, S. 140–147.

Zur Wirkungsgeschichte ferner: Heine-Bibl. II Nr 3282–4032.

Der „Kampf" um Heine, der durch die verschiedenen Versuche seit 1890, ihm Denkmäler in Deutschland zu errichten, immer wieder neu angefacht wurde und der schließlich in die antisemitische Hetze einmündete, beeinflußte auch die Heineforschung. Es gelang ihr nur selten, sich ganz von der Wertung der Tagespresse und Broschürenliteratur freizuhalten. Wer sich ernsthaft und sachlich mit Heines Werk zu beschäftigen versuchte, stand immer unter dem Zwang, ihn gegen Verleumdungen der agitatorischen Auseinandersetzung zu verteidigen. So waren es zunächst und vordringlich eine Reihe von Darstellungen des Lebens und der Werke Heines, in denen, wenn auch nicht ausdrücklich, den Angriffen auf ihn begegnet wurde, beginnend mit den Darstellungen der Freunde und Bekannten Heines: Meissner, Strodtmann, Heines Nichte Maria della Rocca, Karpeles und Proelss. Die Darstellung des Dänen Georg Brandes, 1897, wurde für lange Zeit die einflußreichste Biographie Heines. Hinzu treten die z. T. sehr umfangreichen Einleitungen der vielen Werkausgaben seit den 80er und 90er Jahren.

Auch die *Biographien* nach 1900 bleiben in der Kontroverse um Heine. Gerade weil sie schon mehr eine Deutung und Wertung des Werks versuchen und über das rein biographische Erzählen hinauskommen wollen, sind die Biographen um so leichter versucht, ihre eigene weltanschauliche und politische Einstellung in die Heinebiographie einfließen zu lassen. So kann man die liberalen Biographien von Strodtmann, Brandes, Marcuse und neuerdings Brinitzer von den ausgesprochen sozialistischen Werken von Franz Mehring (in der Einleitung der von ihm 1911 herausgegebenen Werke Heines), Wendel, Reinhold, Ilberg und den aus der persönlichen inneren Verbundenheit zum Judentum geschriebenen Darstellungen von Max Brod und Lehrmann deutlich unterscheiden.

Die jüngsten Heinemonographien von Kaufmann, Windfuhr und Sammons sind gegenüber den meisten früheren Arbeiten fast ausschließlich auf das Werk Heines bezogen und benutzen die Lebensgeschichte nur, soweit sie für die Dichtung von Bedeutung ist. Obwohl jede in ihrer Art wertvoll ist und in der Heineforschung starke Beachtung verdient, zeigen die jeweiligen Deutungsergebnisse der drei Autoren, unter welcher Gegensätzlichkeit die Beurteilung Heines noch heute steht. Für den Ostberliner Professor KAUFMANN ist Heine der progressive Dichter vor und neben Marx, in dessen Werk eine insgesamt klare politische wie sozialpolitische Entwicklungslinie zum Marxismus hin zu erkennen sei. Auch WINDFUHRS Werk will mit dem Bild des zerrissenen Heine aufräumen und stellt das Konstante im Werk und Denken Heines heraus bei einer äußeren, im Grunde nur die Oberfläche berührenden Beweglichkeit. Windfuhr betont dabei das Planvolle im Schaffen des Dichters in seiner Verbindung von Reflexion und dichterischer Gestaltung. SAMMONS' sehr kritische Arbeit, kritisch nicht nur gegenüber der bisherigen Heineforschung, sondern auch gegenüber dem Dichter selbst, sieht in Heine in erster Linie den Künstler der im Zwiespalt „between the imperfects of the age and the artistic elitism" steht, ohne sich entscheiden zu können.

Eine überzeugende, wissenschaftlich einwandfreie Biographie des Dichters, in der Werk und Leben in gebührender, gegenseitig erhellender Weise behandelt wird, fehlt trotz dieser drei Arbeiten immer noch.

Auch die *Einzelprobleme,* die zunächst von der Forschung aufgegriffen wurden, waren in der Hauptsache biographischer Art, so die Frage nach Heines Geburtsjahr, das er selbst bewußt verschleiert hatte, seine persönlichen Beziehungen zu Goethe, Immermann, Börne, Platen, George Sand, Musset, Meyerbeer u. a. Solche zunächst rein biographischen Untersuchungen führten allmählich zu den Problemen seiner geistigen Einordnung, die nach 1900 stärker Beachtung fanden, seine Beziehung zur Romantik und zum Jungen Deutschland, sein Verhältnis zu Judentum und Christentum, seine Stellung zu Hegel und dem Saint-Simonismus. Erst seit den 20er Jahren wird die Frage seines Verhältnisses zu Karl Marx und zu politischen Fragen überhaupt stärker beachtet. Heute stehen diese wieder im Mittelpunkt des Interesses vieler.

Gegenüber diesen rein biographischen und allgemeinen Fragen trat die spezielle Untersuchung seines Werkes – abgesehen von einigen Dissertationen, die nach den Quellen seiner Werke fragen – stark zurück. Der subjektivistische Zug seines Dichtens, zugleich aber auch die entsprechenden Zielsetzungen der positivistischen Literaturgeschichtsschreibung, verführten dazu, das Werk über der Person des Dichters zu vernachlässigen.

Als die deutsche Germanistik vom Anfang der 30er Jahre an

für die Erforschung des Werks von Heine zwangsweise ausfiel, übernahm die ausländische Forschung weithin deren Aufgabe und leistete dabei gerade auf dem Gebiet der Werkuntersuchungen Wesentliches. Den Werken von I. TABAK, CH. ANDLER, SPAETH, DRESCH, BUTLER, FAIRLEY, HOFRICHTER, PRAWER u. a. hatte die deutsche Germanistik zunächst kaum Gleichwertiges an die Seite zu setzen.

Ein wichtiges Gebiet, das der ausländischen Forschung weithin vorbehalten bleiben mußte und in den letzten zehn bis zwanzig Jahren zum Teil vorbildlich behandelt wurde, ist das Problem der Wirkung Heines in den verschiedenen Literaturen.

Nach 1945 konnte die deutsche Forschung nicht ohne weiteres an eine lebendige Forschungstradition von vor 1933 anknüpfen. Die wichtigsten damaligen Heineforscher, ERNST ELSTER, OSKAR WALZEL und von der jüngeren Generation ERICH LOEWENTHAL lebten nicht mehr. Nur FRITZ STRICH und FRIEDRICH HIRTH wirkten als Vertreter der älteren Heineforschergeneration noch nach 1945. Die Beschäftigung mit Heine war darum für die deutsche Germanistik nach dem zweiten Weltkrieg ein Neubeginn, zumal für die Forschung ganz neue Fragenkomplexe aufgetaucht waren, die erst noch der Heineforschung zugute kommen mußten. Wie sehr sich die deutsche Germanistik nach 1945 bemüht, sich mit dem Phänomen Heine intensiv auseinanderzusetzen, zeigt schon die große Zahl der nach 1945 erschienenen Heine-Dissertationen. Seit 1960 hat sie verstärkt beachtliche Leistungen auf dem Gebiet der Heineforschung aufzuweisen.

Zum entscheidenden Problem der Heineforschung heute ist Heines Stellung zum Dichterberuf geworden, also seine Stellung zwischen Dichtung und Politik, zwischen einer zweckfreien und einer engagierten Kunst. Bei der Divergenz vieler Äußerungen Heines zu diesem Problem, je nach dem Thema, dem ihm gegenüberstehenden Gesprächspartner, der liberalen und sozialistischen Politik auf der einen, der zeitfernen Kunst von Klassik und Romantik auf der anderen Seite, sind auch die Ergebnisse der Untersuchungen zwiespältig. Hier liegen die Unterschiede der großen Monographien von Kaufmann, Windfuhr und Sammons, hier liegen auch die Probleme der Arbeiten von Kurz, Mende, Girndt, Reeves, Betz u. a. Da diese Fragen nicht nur für die Beurteilung Heines speziell von entscheidender Bedeutung sind, sondern auch als allgemeine Probleme der Kunst heute durchaus ihre aktuelle Bedeutung haben, werden die Untersuchungen darüber noch weitergehen.

In den letzten Jahren sind eine Reihe von Spezialuntersuchungen über Einzelwerke Heines von den »Briefen aus Berlin« bis zu den »Göttern im Exil« erschienen. Doch sind dabei bei weitem nicht alle Fragen ausgeschöpft. Hingewiesen sei etwa auf das für das Verständnis Heines so wichtige Börnebuch, wobei an die noch ungeklärten Fragen in Zusammenhang mit den Briefen aus Helgoland erinnert sei. Heines Beziehungen zur Sagen- und Märchenwelt von den »Elementargeistern« bis zu den »Göttern im Exil« und seine darin gegebene Beziehung zur Gedankenwelt der Romantik ist mit dem an sich interessanten Werk von Sandor noch nicht genügend ausgeleuchtet.

Auch die von vielen Werken vorhandenen Manuskripte ermöglichen es, nicht nur die Entstehungsgeschichte der Werke näher zu untersuchen, sondern auch wichtige Aufschlüsse inhaltlicher wie stilistischer Art zu gewinnen. Auf einige spezielle Probleme mag hier noch hingewiesen werden. Die Abweichungen verschiedener Fassungen mancher Werke, z. B. der »Romantischen Schule« und »Atta Troll« und der sich daraus ergebenden Probleme sind bisher noch kaum untersucht. Besonders auffällig sind z. B. die Unterschiede von Heines Berichten an die ›Allgemeine Zeitung‹ und ihrer Bearbeitung in »Lutezia«. Da in diesem Fall vierzehn Jahre zwischen der Erstfassung und der Bearbeitung liegen, Jahre, die durch den Ausbruch der letzten Krankheit und die in ihr sich vollziehende innere Wandlung so entscheidend sind, ergeben sich wichtige Schlüsse aus einem solchen Vergleich. Für die Musikberichte hat Michael Mann diesen Vergleich mit wichtigen Ergebnissen durchgeführt.

Aus den Ergebnissen einiger dieser Arbeiten, etwa daß Heine sowohl in seiner Lyrik wie im »Schnabelewopski« Anregungen aus der Barockliteratur aufgenommen hat, hat sich sozusagen als Nebenprodukt die Erkenntnis ergeben, daß Heines Belesenheit wesentlich größer war, als man ihm vielleicht im allgemeinen zutrauen würde. Das wurde in der Arbeit von Owen »Heines Kenntnis der Weltliteratur« nur bestätigt. Heine hat in seinem Schaffen sicher sehr bewußt verschiedenste Anregungen aus der Weltliteratur übernommen, weiterverarbeitet, bzw. verändert oder auch parodiert. Hierüber ist bis jetzt noch wenig bekannt, da man sein Werk viel zu sehr als Erlebnisdichtung genommen und immer nur nach den Ereignissen, Erlebnissen und Begegnungen Heines gesucht hat, die nicht nur seinem Schaffen allgemein, sondern jedem einzelnen Werk und Gedicht, ja jedem Motiv zugrunde liegen solle. Es ist gerade das Schwierige für die Beurteilung des Heineschen Werkes, daß dieses Persönliche, dieses Private zwar immer wieder vorliegt, aber dann von diesem ganz bewußten Künstler verarbeitet wurde, um- und eingebaut in den größeren allgemeinen Zusammenhang des Gedichts, des gesamten Werks. Über diese Frage der Quellenbeziehung und ihrer Umformung in seinem Werk fehlen weithin noch die nötigen Untersuchungen.

In diesem Zusammenhang sei auch auf Heines starke Verflechtung mit der zeitgenössischen Journalistik hingewiesen. Als Berichterstatter für Tagesereignisse stand er in engster Auseinandersetzung, in Zustimmung oder in Widerstreit mit deutschen und französischen Journalisten. Hier fehlt uns noch weithin die Kenntnis der parallelen Berichterstattung anderer Zeitungen, auf die er oder die auf ihn reagierten.

Auch das Problem Heine und Marx, Heine und der Kommunismus muß neu untersucht werden, aber nicht wie bisher fast immer vom Biographischen aus, sondern von den Analysen der Werke Heines vom Anfang der 30er Jahre über »Deutschland. Ein Wintermärchen« bis zu »Lutezia« und den »Geständnissen«. Bevor Heine mit Karl Marx in Verbindung trat, hatte er sich schon intensiv mit sozialistischen Gedankengängen der Saint-Simonisten, aber auch von Fourier, Prudhon und Louis Blanc beschäftigt. Erst mit solchen Kenntnissen versehen trat er mit Karl Marx und dessen Kreis in Kontakt. Wo und wieweit wirkten sich in Heines Werk seit 1844 dessen neue Gedanken aus? Der Hinweis von KREUTZER auf Heines Kenntnis des französischen Kommunismus aus der Nachfolge Babeufs ist für die Beurteilung der zwiespältigen Haltung Heines zu diesen Fragen sicher von Bedeutung, wenn auch nicht so ausschließlich, wie es Kreutzer darstellt.

Über Heines Lyrik sind in dem letzten Jahrzehnt einige wertvolle Arbeiten erschienen. So konnte z. B. PRAWER in seinen Werken in Einzelinterpretationen einer Anzahl von Gedichten Heines aus den verschiedenen Schaffensperioden – mit einem bemerkenswerten Verständnis für die Ambivalenz der Heineschen Diktion – zu wertvollen Erkenntnissen über die Bedeutung und Eigenart seiner Lyrik kommen. Die Arbeit von L. HOFRICHTER versucht, sich im wesentlichen auf die Lyrik beschränkend, die spezifische Leistung der Heineschen Dichtung, die sie in seinem Schaffen der 40er Jahre sieht, herauszuarbeiten. Erst nach der Lösung aus der romantischen Bindung seiner Frühzeit mit ihrem musikalisch und stimmungsgebundenen Liedschaffen sei Heine zu der großen Leistung seiner zeit- und wirklichkeitsgebundenen Dichtung der 40er Jahre befähigt worden. In ihr müsse man einen entscheidenden Höhepunkt innerhalb der Lyrik des 19. Jhs nicht nur für Deutschland sehen. Für die frühe Lyrik Heines liegt jetzt auch die umfangreiche Arbeit von BERENDSOHN vor, die allerdings noch manche Fragen offenläßt.

Die Bewertung von Heines Lyrik ist nach wie vor sehr kontrovers, da zu oft ein Heine-fremder Lyrikbegriff als Maßstab der Beurteilung genommen wird. In die Vorstellung einer zweckfreien, sogenannten reinen Lyrik, unter teilweiser falscher Sicht aus der Dichtung von Klassik und Romantik gewonnen, paßt die Lyrik Heines nicht. Ein Fehlurteil über Heine ist dann unausbleiblich.

Über inhaltlich-formale Probleme hinaus sollten die Spezialuntersuchungen über die einzelnen Werke zu den Fragen der *Sprache* der Heineschen Dichtung vordringen. Erst die Untersuchung von Heines Wortschatz, den Wortbildern, der Gedankenverknüpfung durch Wortassoziationen, seinen Wortwitzen und deren Vergleich mit der Dichtung der Romantik und des Realismus wird es ermöglichen, Heines spezielle Leistung, seine Sonderstellung in der literarischen Entwicklung herauszuarbeiten. Die Arbeit von B. FAIRLEY »H. H. An Interpretation« (1954, dt. 1965) in der er für Heine typische Wort- und Begriffsfelder wie Musik, Theater, Tanz, Himmel und Hölle u. a. untersucht, ist ein wichtiger erster Versuch auf diesem Wege. Da im Heine-Archiv in Düsseldorf jetzt ein Wortindex der Werke und Briefe Heines vorliegt, ist damit für spezielle Wortstudien zu Heine das Material schon weithin aufgearbeitet.

Auf das Fehlen von Untersuchungen über Heines *Wirkung* auf die deutsche Literatur, besonders aus der Zeit nach 1890, wurde schon hingewiesen, ebenso auf eine moderne Untersuchung seiner Wirkung auf die französische Literatur.

Die vordringliche Aufgabe für die Germanistik ist die Schaffung einer *historisch-kritischen Gesamtausgabe* seiner Werke. Wohl hatte ERNST ELSTER 1887 seiner Ausgabe nicht nur einen umfangreichen Kommentar beigegeben, sondern auch in den Anmerkungen wichtige Abweichungen aus verschiedenen Druckfassungen der Werke zum Vergleich hinzugefügt, dabei auch schon manche nur handschriftlich erhaltenen Texte. Doch kann diese Ausgabe, auf der im wesentlichen die späteren kritischen Ausgaben beruhen, den modernen Ansprüchen nicht mehr genügen. Die große Anzahl der noch vorhandenen Handschriften von Werken der beiden letzten Lebensjahrzehnte, die Elster damals noch nicht kannte, und der in ihnen vorhandenen, z. T. wichtigen Varianten zum endgültigen Text können nur durch eine moderne historisch-kritische Ausgabe der Forschung zugänglich gemacht werden. Erst sie wird in vielfacher Hinsicht ein endgültiges Verständnis Heines und eine Beurteilung der Bedeutung seines Werkes ermöglichen.

Die Bemühungen um eine solche Ausgabe, die gleichzeitig in Düsseldorf vom Heine-Archiv und in Weimar von den Nationalen Forschungs- und Gedenkstätten durchgeführt werden, konnten leider auf Grund der politischen Verhältnisse, wie auch infolge unterschiedlicher Vorstellungen über die Form der Durchführung nicht zusammengeführt werden. So werden jetzt zwei Ausgaben entstehen. Nach dem Plan der Weimarer sogenannten Säkularausgabe (s. S. 4) sollen 12 Bde deutscher Texte, 7 Bde französischer Texte, 8 Bde Briefwechsel, 2 Bde Lebenszeugnisse, ca 19 Bde Kommentar und zwei Registerbde erscheinen. Zwei Text- und zwei Briefbde sind bis jetzt erschienen. Die Düsseldorfer Ausgabe plant 16 Bde, in denen französische Texte und Kommentar jeweils mitenthalten sein werden. Die wesentlichen Unterschiede werden voraussichtlich im Lesartenapparat liegen, da in der Weimarer Ausgabe nur die inhaltlich wichtigen Lesarten aus den Handschriften aufgeführt werden sollen, während die Düsseldorfer Ausgabe eine vollständige Aufarbeitung der handschriftlichen und Druckvarianten vorlegen will. Sachliche Unterschiede werden sicher auch in der eigentlichen Kommentierung auftreten. Doch das wird sich erst zeigen, wenn die ersten vergleichbaren Bände vorliegen.

vgl. dazu: D. GERMANN: Grundzüge einer Heine-Ausgabe, 2 Bde, 1962.

M. WINDFUHR u.a.: Die Düsseldorfer Heine-Ausgabe, in: Heine-Jb. 1970, S. 3–40.

ZINKE u. HEINEMANN: Bericht über den Heine-Index, in: Heine-Jb. 1971, S. 76–89.

Forschungsberichte:

REISS, H. S.: The Chriticism of Heine since the war, in: German life and Letters 9, 1956 S. 210–219.

ROSE, W.: Studies of Heine since the War, in: Orbis litt., 11, 1956, S. 166–174.

GALLEY, E.: Heine u. s. Werk in Deutschland nach 1945, in: Düss. Jahrb., 50, 1960, S. 151–162.

BECKER, E.: Heine, Ein Forschungsbericht 1945–1965, 1966.

Gesamtdarstellungen (vgl. Heine-Bibl. II Nr 82–789):

MEISSNER, A.: Heine, Erinnerungen, 1856.
STRODTMANN, A.: Heines Leben u. Werke, 1867.
DELLA ROCCA, M.: Skizzen über Heine, 1882.
KARPELES, G.: Heines Biographie, 1885.
PROELSS, R.: Heine, 1886.
BRANDES, G.: Heine, 1897.
WALZEL, O.: H. Heine, 1926.
WENDEL, H.: Heine, 1932.
MARCUSE, L.: Heine, 1932, ³1970.
BROD, M.: Heine, 1934, ²1952.
ILBERG, W.: Unser Heine, 1952.
BUTLER, E. M.: Heine, A Biography, 1956.
LEHRMANN, C.: Heine, 1957.
BRINITZER, C.: Heine, Roman seines Lebens, 1960.
MARCUSE, L.: Heine in Selbstzeugnissen u. Bilddokumenten, 1960.
KAUFMANN, H.: Heine. Geistige Entwickl. u. künstler. Werk, 1967,
    ²1970.
SAMMONS, J. L.: Heine, the elusive poet, 1969.
WINDFUHR, M.: Heine. Revolution u. Reflexion, 1969.
MENDE, F.: Heine. Chronik s. Lebens u. Werkes, 1970.

Zu Einzelproblemen:

Weltanschauung:

LICHTENBERGER, H.: Heine penseur, 1905.
STERNBERG, K.: Heines geistige Gestalt u. Welt, 1929.
SPAETH, A.: La pensèe de Heine, 1946.
WEISS, W.: Enttäuschter Pantheismus, Zur Weltanschauung der
    Dichtung der Restaurationszeit, 1962 (Heine: S. 157–194).
WIELAND, W.: Heinrich Heine und die Philosophie. In: DVjs. 37,
    1963, S. 232–248.
MAIER, W.: Leben, Tat u. Reflexion. Untersuchungen zu Heines
    Ästhetik, 1969.
GIRNDT, E.: Heines Kunstbegriff in »Franz. Maler«, in: Heine-Jb.
    1970, S. 70–86.

Judentum:

Heine-Bibl. II Nr 2077–2150.
TABAK, I.: Judaic Lore in Heine, 1948, ²1956.
ROSE, W.: Heine's jewish feeling, in: W. R., Heine, Two studies,
    1956, S. 94–156.

Politik und Geschichte:

Heine-Bibl. II. Nr 2151–2343.

VERMEIL, E.: Heine, Ses vues sur l'Allemagne et les révolutions européennes, 1939.

LUKÁCS, G.: Heine u. d. ideol. Vorbereitung der 48er Revolution, in: Geist u. Zeit, 1956, S. 319–345.

DERS., Heinrich Heine als nationaler Dichter, in: G. L., Deutsche Realisten des 19. Jahrhunderts, 1951, S. 89–146.

VERMEIL, E.: Heine als Politiker, in: Sinn u. Form 8, 1956, S. 407 bis 424.

LESCHNITZER. A.: Vom Dichtermärtyrertum zur polit. Dichtung, Heines Weg zur Demokratie, in: Festgabe f. H. Herzfeld, 1958, S. 665–693.

ROSE, W.: Heine's political and social attitude, in: W. R., Heine, Two studies, 1956, S. 1–93

SCHMITZ, G.: Über die ökonom. Anschauungen in Heines Werken, Diss. Humboldt-Univ. Berlin (Ost) 1958.

KAUFMANN, H.: Heine, Poesie, Vaterland u. Menschheit, in: Heines Werke u. Briefe, hrsg. v. H. Kaufmann, Bd 10, 1964, S. 5–166.

BENDA, G.: Die Grundlagen d. Heineschen Deutschlandkritik. Diss. Evanston 1967.

GALLEY, E.: Heine als politischer Journalist, in: Heine: Werke, Frankf. 1968. Bd 3, S. 613–621.

KREUTZER, L.: Heine u. der Kommunismus, 1970.

Das dichterische Werk:

Heine-Bibl. II Nr 2439–2725.

HASS, H. E.: Heine, 1949.

MAYER, H.: Die Ausnahme Heine. In: H. M., Von Lessing bis Thomas Mann, 1959, S. 273–296.

FAIRLEY, B.: Heine, An Interpretation, 1954, dt. 1965.

HOFRICHTER, L.: Heine, 1963; dt. 1966

OWEN, C : Heines Kenntnis der Weltliteratur. Bibliogr. Verz. Diss. Edmonton, 1961.

MENDE, F : Heines literarisches Persönlichkeitsideal, in: Heine-Jb. 1965, S. 3–16.

KURZ, P. K.: Künstler, Tribun, Apostel. Heines Auffassung vom Dichterberuf, 1967.

WELZIG, W.: Heine als Dichter der Sentimentalität, Diss. Wien 1957

FUHRMANN, K. J.: Gestalt d. Dichters u. d. Bestimmung der Dichtung bei Heine, Diss. Würzburg 1966.

KAUFMANN, H.: Zum Empfindungsgehalt bei Heine, in: Sinn u. Form, 15, 1965, S. 914–935.

WECKMÜLLER, A.: Heines Stil, 1934.

SANTOLI, V.: Il Neobarocco di Heine, in: V. S., Fra Germania e Italia, 1962, S. 54–72.

BROCKERHOFF, K.: Zu Heines Ironie, in: Heine-Jb. 1964, S. 37–55.

PREISENDANZ, W.: Ironie bei Heine, in: Ironie u. Dichtung, 1970, S. 85–112.

SIMON, E.: Heine u. d. Romantik, in: Essay, Pres. to Leo Baeck, 1954, S. 127–157.

WEINBERG, K.: Heine »Romantique defroque«, Héraut du symbolisme français, 1954.

SCHANZE, E.: Noch einmal: Romantique defroqué, in: Heine-Jb. 1970, S. 87–98.

ANDLER, CH.: La Poésie de Heine, 1948.

BÖCKMANN, P.: Wandlungen der Ausdruckssprache i. d. dt. Lyrik d. 19. Jhs. in: Les congrês et colloques de l'université de Liège, Vol. 21, 1961. S. 61–82.

VINCENTI, L.: La poesie satirice di Heine, in: Studi germ. 1963, S. 3–16.

ZAGARI, L.: La Pomare di Heine e la crisi del linguaggio »Lirico«, in: Studi germ. 1965, S. 5–38.

HAMMERICH, L. L.: Trochäen bei Heine, in: Formenwandel. Festschr. f. Böckmann, 1965, S. 393–409.

PREISENDANZ, W.: Der Funktionsübergang zu Dichtung u. Publizistik bei Heine, in: Die nicht mehr schönen Künste 1968, S. 343 bis 374.

BETZ, A.: Ästhetik u. Politik. H. Heines Prosa, 1971.

REEVES, W.: The relationship between H. Heine's poetic works and his political and critical writings. Diss. Oxford, 1970.

BERNHARD, M. A.: Welterlebnis u. gestaltete Wirklichkeit in Heines Prosaschriften, Diss. München 1962.

RAHMELOW, W.: Zu den Anfängen des feuilletonistischen Stils, Diss. Freiburg 1937.

BÜRGER, P.: Der Essay bei Heine, Diss. München 1959.

SCHELLENBERG, A.: Heines französische Prosawerke, 1921.

PORCELL, Cl.: Heines französ. Werk, Paris 1970.

d'Agoult, Marie Gräfin 51, 55
Andler, Charles 30, 59, 74, 81
Arndt, Ernst Moritz 11
von Arnim, Achim 14
von Arnim, Bettina 51
Assing, David Assur 28
Babeuf, François Noel 76
Bahr, Hermann 67
Balzac, Honoré de 34
Bartels, Adolf 65, 67, 68
Baudelaire, Charles 69
Beck, Karl 64
Becquer, Gustavo Adolfo 69
Beer, Michael 33
Belgiojoso, Cristina Trivulzio,
    Prinzessin von 35
Bellini, Vincenzo 34
Berendsohn, Walter A. 77
Berlioz, Hector 34
Bernays, Ludwig 50
Betz, Louis P. 69
Bieber, Hugo 5
Bierbaum, Otto Julius 66
Blanc, Louis 48, 76
Börne, Ludwig 9, 18, 25, 28, 36,
    43, 46f., 48, 66, 73
Börnstein, Heinrich 50
Bohain, Alexander Victor 34
Bopp, Franz 12
von Bothmer, Karl Graf 26
Brahms, Johannes 63
Brandes, Georg 72, 79
Brecht, Bertolt 66
Brentano, Clemens 14, 36
Breza, Eugen Graf 15
Brinitzer, Carl 72, 79
Brockhaus u. Avenarius 46
Brod, Max 72, 79
Buloz, François 34
Busch, Wilhelm 64
Butler, Eliza Marian 74, 79

Byron, George Gordon Lord 13
Campe, Julius 3, 17, 19, 27, 40,
    43, 49, 51, 56f., 59
Carducci, Giosué 69
Cervantes, Miguel de 39, 45, 72
von Chamisso, Adalbert 13, 40
von Chezy, Helmina 13
Chopin, Frédéric 34
von Cotta, Johann Friedrich
    Frhr 25f., 35f., 39
Dehmel, Richard 66
Delacroix, Eugène 35
Delloye, Henri Louis 39
Devrient, Ludwig 14
Dieffenbach, Johann Friedrich 11
von Dingelstedt, Franz 64
Döllinger, Ignaz 26f.
Dresch, Joseph 43, 59, 74
Dümmler, Friedrich H. G. 16
Dumas Père, Alexander 34, 56, 60
Egk, Werner 53
Eisner, Fritz 5
Eliot, George 69
Elisabeth, Kaiserin von Öster-
    reich 54
Elster, Ernst 2, 3f., 17, 54, 74, 77
Embden, Charlotte, s. Heine,
    Charlotte
Embden, Moritz 7
Enfantin, Barthélemy Prosper 34
Engel, Eduard 58
Engels, Friedrich 50
Ermatinger, Emil 68
Ewerbeck, Hermann 50
Fairley, Barker 74, 80
Finke, Franz 42, 46
Fould, Achille 35
Fouqué, Friedrich Baron de la
    Motte 13
Fourier, François Marie Charles
    48, 76

Franck, Hermann 33
Freiligrath, Ferdinand 48, 51, 64
Friedländer, Amalie, s. Heine, Amalie
Friedländer, John 13
Friedrich Wilhelm IV., König von Preußen 50
Galley, Eberhard 1 f., 20, 43, 45, 46, 54, 60, 78
Gans, Eduard 15, 18
Gautier, Théophil 34, 60, 69
van Geldern, Gottschalk 6
van Geldern, Peire, s. Heine, Betty
van Geldern, Simon 8
von Gentz, Friedrich 36
Girndt, Eberhardt 74, 79
Goedeke, Karl 1
Goethe 15, 18, 20, 21, 53, 67, 73
Grabbe, Christian Dietrich 14 f.
Grimm, Gottlob Christian 19
Grimm, Jacob 25
Grimm, Ludwig Emil 25
Grimm, Wilhelm 25
Grün, Karl 64
Gubitz, Friedrich Wilhelm 14
Guizot, François 35
Gutzkow, Karl 38, 43, 43 f., 46
Hahn, Karl Hans 3, 61
Halle, Adolph 29
Halle, Therese, s. Heine, Therese
Hegel 11, 12, 38, 73
Heideloff u. Campe 33, 36, 45
Heine, Amalie, verehel. Friedländer 9, 13, 17
Heine, Betty, geb. van Geldern 6, 7, 9, 11, 15, 17, 25, 26 f., 41 49
Heine, Carl 52 53
Heine, Cecile 53
Heine, Charlotte, verehel. Embden 7
Heine, Gustav 7
Heine, Mathilde, geb. Mirat 42 49, 50 f., 52, 59
Heine, Maximilian 7, 18, 25
Heine, Salomon 6 f., 9 f., 13, 15, 17, 29, 38, 49, 52, 53

Heine, Samson 6 f., 8 f., 12 15, 17, 25, 27, 42
Heine, Therese, verehel. Halle 17, 29
Heinemann, Sammlung 3, 61
Herwegh, Georg 48, 51, 55, 63
Hillebrand, Karl 56
Hiller, Ferdinand 33
Hirth, Friedrich 5 f., 21, 43, 47, 53, 54, 61, 74
Hitzig, Julius 13, 16
Hoffmann, Ernst Theodor Amadeus 14, 22
Hoffmann u. Campe 3, 22, 30, 37, 44, 45, 46, 52, 53, 54, 59
Hofrichter, Laura 74, 76
von Hohenhausen, Elise 13, 26
Holz, Arno 66
Houben, Heinrich Hubert 5
Housman, Alfred Edward 69
Hugo, Gustav 18 f.
Hugo, Victor 34
von Humboldt, Alexander 33
Ilberg, Werner 72, 79
Immermann, Karl Leberecht 14, 18, 23, 26, 30, 73
Jaubert, Caroline 35, 56
Jean Paul (Richter) 21, 22
Johannot, Tony 34, 39
Kästner, Erich 66
Kant, Immanuel 38
Karl Theodor, Kurfürst von Bayern 7
Karpeles, Gustav 61, 72, 79
Kaufmann, David 10
Kaufmann, Hans 4, 54, 72 f., 74, 79
Keller, Gottfried 64
Kerr, Alfred 67
Klabund (Alfred Henschke) 66
Klingemann, Ernst August Friedrich 16
Kolle, Kurt 42
Koreff, David Ferdinand 32
Kraus, Karl 67, 70
Kreutzer, Leo 76
Krinitz, Elise (Mouche) 59
Kurz, Paul Konrad 74

Lamartine, Alphonse de 34
Lassalle, Ferdinand 33, 52, 54
Laube, Heinrich 33, 38, 48
Lehrmann, Cuno Ch. 72 , 79
Leopardi, Giacomo 69
Lermontow, Michael Iwano-
  witsch 69
Lewald, August 28, 33, 41, 46
Lewald, Fanny 56
Lichtenberger, Henry 79
von Liliencron, Detlev 66
Lindner, Friedrich Ludwig 26
Liszt, Franz 34, 51
von Loeben, Otto Graf 14
Loëve Veimars, François Adol-
  phe 34
Loewenthal, Erich 21, 46, 61, 74
Longfellow, Henry Wadsworth
  69
Louis Napoleon 7
Louis Philippe, König der Fran-
  zosen 35, 43, 50
Ludwig I., König von Bayern
  26f., 49
Lumley, Benjamin 52 f.
Luther, Martin 37, 44
Lutz, Wolfgang 67
Lyser, Johann Peter 28
von Maltitz, Apollonius Baron
  28
Mann, Heinrich 67
Mann, Michael 48, 60, 75
Mann, Thomas 66
Marbach, Oswald 52
Marcus, Ludwig 21, 57
Marcuse, Ludwig 5, 72, 79
Marx, Karl 48-51, 53, 76
Mascagni, Pietro 16
Maurer (Verleger) 13
Mehring, Franz 66, 72
Meinert, Karl 3
Meissner, Alfred 33, 55, 59, 72,
  78
Mende, Fritz 74
Mendelssohn Bartholdy, Felix
  33, 63
Menzel, Wolfgang 11, 17, 18, 25,
  36, 38, 40, 45

Methfessel, Albert Gottlieb 28
von Metternich, Clemens August
  Fürst 36, 38
Meyer, Friedrich 1
Meyerbeer, Giacomo 33, 44, 52,
  73
Michelet, Julius 34
Mignet, François 34, 56, 60
Mirat, Mathilde, s. Heine,
  Mathilde
von Moltke, Magnus Graf 29
Moscheles, Ignaz 24
Moser, Moses 15, 18
Mouche s. Krinitz, Elise
Müllner, Adolf 36
Mundt, Karl 38
Murat, Joachim (verehel. mit der
  Schwester Napoléons I.) 7
Murat, Joachim 30
Muschg, Walter 68
Musset, Alfred de 34, 69, 73
Napoleon I., Kaiser der Fran-
  zosen 7f., 23
Napoleon III., Kaiser der Fran-
  zosen 7
Nerval, Gerard de 34, 44, 69
Nietzsche, Friedrich 66
Owen, Claude R. 75, 80
Paganini, Niccolo 28, 39
Petöfi, Sándor 69
Pfizer, Gustav 40
von Platen, August Graf 15, 23,
  26, 27ff., 30f., 40, 43, 73
Prawer, Siegbert S. 30, 53, 59,
  61, 74f. 76
Preisendanz, Wolfgang 66, 69
Proelss, Johannes 72, 79
Prudhon, Pierre Joseph 48, 76
von Pückler Muskau, Hermann
  Fürst 33, 57
Pütz, Hans 65
Reinhardt, Richard 56
Reinhold, Carl Ferdinand 72
Renduel, Eugène 34, 36, 44,
  45
Reuter, Christian 37
Richter, Jean Paul Friedrich, s.
  Jean Paul

Rindskopf, Mayer Beer 9
Robert, Friederike 13, 18, 23
Rocca, Maria della 72, 79
Rothschild, James 35
Rousseau, Jean Baptist 11f.
Ruge, Arnold 49, 50
Saint Simon, Claude Henri Graf de 33f., 35f., 43, 47, 48, 73
Sammons, Jeffrey L. 72f., 74, 79
Sand, George 34f., 44, 69, 73
Sandor, Andras 75
Sartorius, Georg 18
Schad, Christian 40
Scheffel, Joseph Viktor von 64
Scheffer, Ary 35
Schellenberg, Alfred 75
von Schenk, Eduard 26f.
von Schlegel, August Wilhelm 11, 36
von Schlegel, Friedrich 36
Schleiermacher, Friedrich 13, 14
Schocken, Salman 3
Schubert, Franz 63
Schumann, Robert 16, 63
Schwab, Gustav 40
Seifert, Siegfried 1
Sethe, Christian 4
Shakespeare, William 2, 39, 46
Simrock, Karl 11
Spaeth, Albert 74, 79
Staël von Holstein, Germaine de 36, 37
Stern, Alfred 42
Sterne, Laurence 22
Sternberg, Kurt 79
Storm, Theodor 64
Strauss, Carl u. Albert 2
Strauss, Jeanette, geb. Wohl 43
Strauss, Salomon 42, 43
Strich, Fritz 4, 74

Strodtmann, Adolf 2, 3, 51, 58f., 72, 79
Tabak, Israel 74, 79
Taglioni, Paul 53
Tennyson, Alfred Lord 69
Thiers, Adolphe 35, 38
Tjutschew, Feodor Iwanowitsch 26, 69
Trakl, Georg 66, 70
Tucholsky, Kurt 66
Uhland, Ludwig 36, 41
Uhlendahl, Heinrich 16, 21
Uhlmann, Alfred Max 5
Varnhagen von Ense, Karl August 13f., 25, 29, 52
Varnhagen, Rahel 13, 15, 18, 29, 33
Veit, Philipp F. 6, 53
Vernet, Horace 35
Vigny, Alfred de 34
Wadepuhl, Walter 6, 21, 44, 45, 61
Wagner, Richard 33, 37, 41
Walzel, Oskar 4, 54, 74, 79
Wedekind, Eduard 53
Wedekind, Frank 66
Weerth, Georg 50, 64
Weill, Alexander 56
Wendel, Hermann 72, 79
Wesselhöft, Robert 31
Wienbarg, Ludolf 28, 38
Wilde, Oskar 69
Wilhelm, Gottfried 1
Windfuhr, Manfred 2, 14, 30, 44, 72f., 74, 78f.
Wit von Dörring, Johannes 26
Wolf, Friedrich August 12
Wolf, Hugo 63
von Wolzogen, Ernst 66
Zagari, Lucian 69, 81
Zeune, Johann August 12
Zunz, Leopold 15

SAMMLUNG METZLER

M 1 Raabe *Einführung in die Bücherkunde*
M 2 Meisen *Altdeutsche Grammatik I: Lautlehre*
M 3 Meisen *Altdeutsche Grammatik II: Formenlehre*
M 4 Grimm *Bertolt Brecht*
M 5 Moser *Annalen der deutschen Sprache*
M 6 Schlawe *Literarische Zeitschriften [I:] 1885–1910*
M 7 Weber/Hoffmann *Nibelungenlied*
M 8 Meyer *Eduard Mörike*
M 9 Rosenfeld *Legende*
M 10 Singer *Der galante Roman*
M 11 Moritz *Die neue Cecilia. Faksimiledruck*
M 12 Nagel *Meistersang*
M 13 Bangen *Die schriftliche Form germanist. Arbeiten*
M 14 Eis *Mittelalterliche Fachliteratur*
M 15 Weber/Hoffmann *Gottfried von Straßburg*
M 16 Lüthi *Märchen*
M 17 Wapnewski *Hartmann von Aue*
M 18 Meetz *Friedrich Hebbel*
M 19 Schröder *Spielmannsepik*
M 20 Ryan *Friedrich Hölderlin*
M 21 a, b (siehe M 73, 74)
M 22 Danzel *Zur Literatur und Philosophie der Goethezeit*
M 23 Jacobi *Eduard Allwills Papiere. Faksimiledruck*
M 24 Schlawe *Literarische Zeitschriften [II:] 1910–1933*
M 25 Anger *Literarisches Rokoko*
M 26 Wodtke *Gottfried Benn*
M 27 von Wiese *Novelle*
M 28 Frenzel *Stoff-, Motiv- und Symbolforschung*
M 29 Rotermund *Christian Hofmann von Hofmannswaldau*
M 30 Galley *Heinrich Heine*
M 31 Müller *Franz Grillparzer*
M 32 Wisniewski *Kudrun*
M 33 Soeteman *Deutsche geistliche Dichtung des 11. u. 12. Jh.s*
M 34 Taylor *Melodien der weltlichen Lieder des Mittelalters
     I: Darstellung*

M 35 Taylor *Melodien der weltlichen Lieder des Mittelalters II: Materialien*

M 36 Bumke *Wolfram von Eschenbach*

M 37 Engel *Handlung, Gespräch und Erzählung. Faksimiledruck*

M 38 Brogsitter *Artusepik*

M 39 Blankenburg *Versuch über den Roman. Faksimiledruck*

M 40 Halbach *Walther von der Vogelweide*

M 41 Hermand *Literaturwissenschaft und Kunstwissenschaft*

M 42 Schieb *Heinrich von Veldeke*

M 43 Glinz *Deutsche Syntax*

M 44 Nagel *Hrotsvit von Gandersheim*

M 45 Lipsius *Von der Bestendigkeit. Faksimiledruck*

M 46 Hecht *Christian Reuter*

M 47 Steinmetz *Die Komödie der Aufklärung*

M 48 Stutz *Gotische Literaturdenkmäler*

M 49 Salzmann *Kurze Abhandlungen über einige wichtige Gegenstände aus der Religions- u. Sittenlehre. Faksimiledruck*

M 50 Koopmann *Friedrich Schiller I: 1759–1794*

M 51 Koopmann *Friedrich Schiller II: 1794–1805*

M 52 Suppan *Volkslied*

M 53 Hain *Rätsel*

M 54 Huet *Traité de l'origine des romans. Faksimiledruck*

M 55 Röhrich *Sage*

M 56 Catholy *Fastnachtspiel*

M 57 Siegrist *Albrecht von Haller*

M 58 Durzak *Hermann Broch*

M 59 Behrmann *Einführung in die Analyse von Prosatexten*

M 60 Fehr *Jeremias Gotthelf*

M 61 Geiger *Reise eines Erdbewohners in den Mars. Faksimiledruck*

M 62 Pütz *Friedrich Nietzsche*

M 63 Böschenstein-Schäfer *Idylle*

M 64 Hoffmann *Altdeutsche Metrik*

M 65 Guthke/Schneider *Gotthold Ephraim Lessing*

M 66 Leibfried *Fabel*

M 67 von See *Germanische Verskunst*

M 68 Kimpel *Der Roman der Aufklärung*

M 69 Moritz *Andreas Hartknopf. Faksimiledruck*

M 70 Schlegel *Gespräch über die Poesie. Faksimiledruck*

M 71 Helmers *Wilhelm Raabe*

M 72 Düwel *Einführung in die Runenkunde*

M 73 Raabe *Einführung in die Quellenkunde zur neueren deutschen Literaturgeschichte* (bisher M 21 a)

M 74 Raabe *Quellenrepertorium zur neueren deutschen Literaturgeschichte* (bisher M 21b)

M 75 Hoefert *Das Drama des Naturalismus*

M 76 Mannack *Andreas Gryphius*

M 77 Straßner *Schwank*

M 78 Schier *Saga*

M 79 Weber-Kellermann *Deutsche Volkskunde*

M 80 Kully *Johann Peter Hebel*

M 81 Jost *Literarischer Jugendstil*

M 82 Reichmann *Deutsche Wortforschung*

M 83 Haas *Essay*

M 84 Boeschenstein *Gottfried Keller*

M 85 Boerner *Tagebuch*

M 86 Sjölin *Einführung in das Friesische*

M 87 Sandkühler *Schelling*

M 88 Opitz *Jugendschriften. Faksimiledruck*

M 89 Behrmann *Einführung in die Analyse von Verstexten*

M 90 Winkler *Stefan George*

M 91 Schweikert *Jean Paul*

M 92 Hein *Ferdinand Raimund*

M 93 Barth *Literarisches Weimar*

M 94 Könneker *Hans Sachs*

M 95 Sommer *Christoph Martin Wieland*

M 96 van Ingen *Philipp von Zesen*

M 97 Asmuth *Daniel Casper von Lohenstein*

M 98 Schulte-Sasse *Literarische Wertung*

M 99 Weydt *H. J. Chr. von Grimmelshausen*

M 100 Denecke *Jacob Grimm und sein Bruder Wilhelm*

J. B. METZLER STUTTGART